SUPER HÉROES

# LOS ONCE

## EL DELANTERO QUE VOLABA AL ATARDECER

**ROBERTO SANTIAGO**

Ilustrado por Nacho Velmar



DESTINO

DESTINO INFANTIL Y JUVENIL, 2021
infoinfantilyjuvenil@planeta.es
www.planetadelibrosinfantilyjuvenil.com
www.planetadelibros.com

Editado por Editorial Planeta, S. A.

Avda. Diagonal, 662-664, 08034 Barcelona
Primera edición: octubre de 2021
ISBN: 978-84-08-24403-5
Depósito legal: B. 13.582-2021
Impreso en España - *Printed in Spain*

El papel utilizado para la impresión de este libro está calificado como papel ecológico y procede de bosques gestionados de manera sostenible.

# 1

El balón baja directo hacia mí.

Salto.

Pero...

¡Nada!

¡No llego a controlarlo!

Se oye un murmullo de decepción en las gradas.

El defensa rival lo despeja con todas sus fuerzas.

Resoplo desesperado.

Casi no queda tiempo.

En estos momentos, estoy jugando el partido más importante de mi equipo: el Estrella Polar F. C.

Contra nuestro máximo rival: Los Hurones de Versalles.

Quedan unos pocos segundos.

Y estamos empatados.

Mi compañera Ximena recibe el balón.

Me señala.

Exclama:

—¡Rana!

Rana soy yo.

—¡Tuya, Rana! —repite.

Y me lanza un pase en profundidad.

Ximena tiene unos ojos muy verdes y unas pestañas larguísimas que parecen llegar hasta el cielo.

Lleva el número 10 en la camiseta.

Yo llevo el 11.

Corro a toda velocidad.

Ahora sí tengo que alcanzar el balón.

Es nuestra última oportunidad.

Si consigo meter gol, ganaremos el partido.

Seremos campeones de la LESECU: Liga Escolar de la Serranía de Cuenca.

Y, por supuesto, me convertiré en el héroe del Estrella Polar.

Si fallo..., todo será un desastre.

Mis compañeros me culparán a mí.

Dirán: «¿Para qué te dejamos jugar con nosotros?».

Me echarán del equipo.

Y seguiré siendo el eterno novato que nunca se adapta ni tiene amigos.

Sé que puede parecer una exageración, pero es la pura verdad.

Todo depende de lo que ocurra en los próximos segundos.

De reojo, observo en la grada a mi padre y mis hermanos, más nerviosos que yo.

Mi madre está en la banda, muy atenta.

Ha venido el pueblo entero a vernos, nadie se quiere perder el partido definitivo.

Me fijo en un grupo de palomas posadas sobre los alambres que rodean el campo.

Incluso ellas parecen interesadas en el partido.

—¡Vamos, Rana! —exclama Ximena.

Corro, corro, y al fin...

Llego hasta el balón.

Lo controlo con el interior del pie.

No hay tiempo que perder.

Tengo delante de mí al defensa central de Los Hurones.

Y, justo detrás, la lateral me pisa los talones.

Empieza una cuenta atrás angustiosa:

10 segundos para el final del partido.

Al fondo, el Manco, el portero rival, se ajusta la gorra.

Lo llaman así porque tuvo un accidente en una visita a la central nuclear que hay a las afueras del pueblo.

Perdió la mano.

Y le pusieron una de titanio.

Como a los androides.

9 segundos.

La lateral es muy rápida y viene embalada, la tengo casi encima.

El central también avanza hacia mi posición.

Aguanto el balón.

Y, en el último instante, me aparto con un movimiento rapidísimo.

La lateral pasa a toda velocidad a mi lado... ¡y se lleva por delante a su propio compañero!

8 segundos.

Los dos defensas han quedado en el césped hechos un ovillo.

Entro por el pico del área.

Se pueden oír los gritos en la grada:

—¡Rana! ¡Rana! ¡Rana!

Y en el otro extremo:

—¡Manco! ¡Manco! ¡Manco!

7 segundos.

Ahí estoy:

Solo delante del portero.

Es una oportunidad clarísima.

—¡Tú puedes, Rana! —exclama mi entrenadora desde el banquillo.

Sé que ella confía en mí, espero no defraudarla.

6 segundos.

El Manco se queda clavado en la portería.

Aguanta sin moverse, con los brazos extendidos, esperando a ver qué hago.

Puedo intentar regatearlo.

O chutar desde ahí mismo.

Pero, sea lo que sea, ¡tengo que hacerlo ya!

Oigo más gritos de la entrenadora, de mi padre, de mi hermano... No sé qué debo hacer, ¡es demasiado complicado!

5 segundos.

De nuevo, tengo a los defensas de Los Hurones pisándome los talones.

Uno me golpea por detrás en un tobillo.

La otra intenta agarrarme de la camiseta.

Me empujan con las manos, me dan patadas, me golpean la espalda...

Pero aguanto.

4 segundos.

Si me concentro mucho, puedo oír el latido acelerado de mi corazón.

Tic-tac, tic-tac.

Tengo que disparar.

Tengo que conseguirlo.

¡Ya!

3 segundos.

Una gota de sudor me cae por la frente.

Choca contra la superficie de cuero del balón y estalla en miles de microgotas diminutas.

Todo a mi alrededor parece ir a cámara lenta.

El dolor en mi espalda va en aumento.

Tengo el corazón a punto de explotar.

Tic-tac, tic-tac, tic-tac.

2 segundos.

El sol se refleja en la mano de titanio del Manco.

No voy a conseguirlo: ¡es el mejor portero de la liga!

Vuelven a golpearme por detrás.

En el tobillo.

En la rodilla.

Una y otra vez.

En ese instante, una paloma atraviesa el campo, volando casi a ras del suelo.

Pasa muy cerca de mí, me roza.

Pego un salto...

1 segundo.

Cierro los ojos.

Respiro hondo.

Tic-tac, tic-tac, tic-tac, tic-tac.

Despego los pies del suelo...

¡Y echo a volar!

# 2

Tengo once años recién cumplidos, me encanta jugar al fútbol y mi nombre es Ramón Naya.

Aunque todos me llaman Rana.

Esto último ya lo he dicho.

Pero lo que no he contado es que todo empezó el 11 de marzo a las 11 en punto de la noche.

El número 11 es muy importante en esta historia.

Conviene no olvidarlo.

Ese día, exactamente a esa hora, cruzamos por primera vez la puerta de nuestro nuevo hogar.

Era lunes por la noche; la mudanza se había retrasado un día.

La casa era muy vieja pero enorme: con jardín, chimenea, dos pisos y muchas otras cosas que a lo mejor no servían para nada, pero que molaban.

—¡Odio este casa y odio este pueblo! —gritó mi hermana desesperada—. ¡Es todo horrible! ¡Y ni siquiera han instalado fibra de alta velocidad! ¿Es que hemos venido a vivir a la Edad Media?

Mi hermana, Rosalía, tiene quince años y está en una edad muy mala que se llama *adolescencia*.

Protesta por todo.

—¡Aparta, enano, que siempre estás en medio! —exclamó, subiendo la escalera hacia su cuarto.

Lo de enano no iba por mí.

Se refería a nuestro otro hermano, Rober.

Tiene cinco años y, aunque me cueste darle la razón a Rosalía..., ¡siempre está en medio!

—¿Vamos a compartir habitación, Tito? —me preguntó mi hermano, mirándome con los ojos muy abiertos.

Tito soy yo.

Están todos empeñados en llamarme por cualquier nombre menos por el mío.

—Yo... no..., bueno, no sé —respondí—, creo que por fin cada uno tendrá su propia habitación, qué bien, ¿eh?

Al oír aquello, Rober se puso a llorar.

Y a dar patadas a la puerta de entrada.

—¡Yo quiero dormir con el Tito! ¡Yo quiero dormir con el Tito! —repetía una y otra vez, entre sollozos.

—Lo que tú quieras —dije—, pero me llamo Ramón...

—¡Vale, Tito! —exclamó entusiasmado.

Otra vez volvía a compartir cuarto con el renacuajo.

Para una cosa buena que tenía la nueva casa, no había durado ni cinco segundos.

—Genial —aseguró mi padre tocándose el bigote—, así podré tener mi propio despacho. No lo había dicho antes, pero la verdad es que lo necesito ahora más que nunca.

Mi padre es diseñador gráfico, se llama Ramón, igual que yo, y siempre cuenta que iba para pintor de cuadros, hasta que se enamoró de mi madre y lo dejó todo por ella.

Trabaja en casa, así que supongo que es lógico que tenga su despacho y que nosotros compartamos habitación.

Todos felices.

Menos yo, claro.

Por último, está mi madre.

Ella es el motivo por el que nos hemos mudado a este pueblo.

Mi madre es jueza, se llama Raimunda y es la persona más buena del mundo.

Y no lo digo porque sea mi madre. Es la pura verdad: siempre intenta ayudar y ponerse en el lugar de los demás.

A causa de su trabajo, la han trasladado varias veces.

Bueno, en realidad el traslado lo pide ella. Por lo visto, siempre la necesitan y no puede negarse.

Que yo recuerde, habíamos hecho ya cinco mudanzas.

«La justicia nos necesita», solía decir mi madre cada vez que nos cambiábamos de ciudad.

Su último destino, de momento, era el pequeño juzgado recién construido en Nakatomi.

Ah, sí, se me había olvidado: el pueblo al que nos hemos venido a vivir se llama...

Nakatomi.

¡¿Por qué se llama así un pueblo de la provincia de Cuenca?!

Por lo visto, a nadie le gustaba el nombre original: Villa Rata.

No me extraña.

Hace muchos años, el alcalde convocó un referéndum entre los habitantes para cambiar el nombre.

Y votaron por unanimidad... Nakatomi.

En la plaza del pueblo, hay un cartel enorme detrás de la fuente en el que se lee:

«Bienvenidos a Nakatomi, cuna del ajo arriero y la tortilla de patatas».

Se ve que por aquí les encanta cambiar los nombres a los sitios y a la gente.

La misma semana que llegamos, iba a tener lugar un gran acontecimiento en el pueblo: la inauguración de la nueva central nuclear, en la que llevaban trabajando mucho tiempo.

Parece que se había armado mucho revuelo, con protestas y manifestaciones.

Los ecologistas, en contra por la amenaza para el río, los bosques y el ecosistema.

Los habitantes de la comarca, a favor por la cantidad de trabajo y riqueza que iba a traer.

Mi madre nos explicó que en España está prohibido construir nuevas centrales nucleares desde hace muchos años.

Y que estaban intentando cerrar las que ya existían.

Sin embargo, técnicamente, la de Nakatomi no era una central nuclear nueva. Sustituía a una antigua que había allí mismo. La tuvieron que clausurar a causa de un accidente.

Así que todo estaba en regla y, pese a las protestas, la central iba adelante.

El caso es que, ante el revuelo por la inauguración, en el juzgado habían decidido adelantar la incorporación de la nueva jueza.

De ahí el traslado de mi madre.

Para mí, era la historia de siempre: un nuevo pueblo, una nueva casa, un nuevo colegio.

—¿Estás a favor de las centrales nucleares o en contra? —le pregunté a mi madre.

—Yo estoy súper en contra —dijo mi hermana, aunque nadie le había pedido su opinión—. No molan nada. Además, la radiactividad es muy chunga para el cutis.

—A ver, Rosalía —intervino mi padre—, no creo que el cutis sea lo más importante en un tema como este.

—Eso lo dices porque no eres una chica de quince años —replicó ella—. La presión en el instituto con el acné es horrible, no tienes ni idea.

Mi padre propuso que abriéramos un debate familiar.

—Es un tema muy controvertido —aseguró—, merece la pena que lo hablemos en profundidad. Los pros, los contras, el uranio y los orígenes de la energía nuclear.

—Vale, vale, algún día —dijo mi hermana zanjando el tema, y se fue al baño a mirarse los granos de la frente en el espejo.

Mi madre, que no se había pronunciado todavía, tomó la palabra.

—Da igual mi opinión, cariño —dijo al fin—. Yo no dicto las normas. Solo he venido al pueblo para que se cumpla la ley.

—¡Bang, bang, respeten la ley o les pego dos tiros! —exclamó mi hermano pequeño—. ¡Soy el *sheriff* del *acopalipsis* nuclear! ¡Bang, bang!

—Se dice *apocalipsis* —lo corrigió mi padre—. ¿Dónde habrás oído tú esas cosas?

Subí a mi habitación, seguido de Rober, que no se despegaba de mí.

Al menos, era un cuarto muy grande, con enormes ventanales.

Cuando te asomabas, se veía el jardín y otras casas de la urbanización iluminadas.

Al fondo, se distinguía una colina.

—Tito —dijo mi hermano, tirando de mi camiseta—, ¿hoy podemos dormir juntos en la misma cama?

—Pues... Es que... —contesté—, ¿no te parece mucho mejor que durmamos cada uno en la suya? Es un cuarto muy grande...

—¡Quiero dormir en la cama con el Tito! ¡Quiero dormir en la cama con el Tito!

Lo peor no eran los gritos, que te rompían los tímpanos.

Ni los golpes.

Lo peor era que mis padres siempre aparecían corriendo en cuanto oían a mi hermano berrear.

—¿Estás bien, cariño? —preguntó mi padre, cogiendo en brazos a Rober.

—El Tito no quiere dormir conmigo —dijo haciendo pucheros.

—Ramón, ¿qué te cuesta? —intervino mi madre—, es solo la primera noche, que le hace mucha ilusión.

—De acuerdo —accedí otra vez.

Cuanto antes acabáramos con aquello, mejor.

—¡Bieeeeeeeeeen! —exclamó Rober entusiasmado agarrándose a mi cuello.

Daba igual que mi hermano hubiera montado esas pataletas un millón de veces.

Mis padres siempre picaban, y él terminaba saliéndose con la suya.

Esa noche, se desató una tormenta descomunal.

Se podían oír los truenos retumbando muy cerca.

Los relámpagos iluminaban el cuarto cada pocos segundos.

Estaba aprisionado entre la pared y mi hermano.

No me atrevía a moverme por miedo a despertar a Rober y que la liara con la excusa de la tormenta o lo que fuera.

Estaba atrapado en un lugar en el que no quería estar mientras caía una tormenta terrible.

Era un buen resumen de mi vida.

Pero no quiero ser como mi hermana, que siempre se está quejando de todo.

También había algunas cosas buenas.

Por ejemplo, faltaban dos días para mi cumpleaños.

Todavía no tenía ningún amigo en el pueblo y probablemente tuviese que celebrarlo con mis padres y mis hermanos... Aun así, soplaría las velas, comería mi tarta favorita y me harían regalos chulos.

Ese año había pedido un teléfono móvil y un traje de Dragonman, el mejor superhéroe que ha existido nunca.

—Eres muy mayor para esos disfraces —dijo mi padre.

—Y muy pequeño para un teléfono —añadió mi madre.

—Mucho mejor un juego didáctico —aseguró mi padre.

—Exacto —dijo mi madre—, o alguna aplicación educativa para que practiques ciencias o matemáticas en el móvil.

—Pero si no tengo móvil —protesté—. ¡Voy a ser el último niño del mundo sin móvil!

—Qué exagerado eres, Ramón —dijo mi madre—, te pareces a tu padre.

—En una cosa tiene razón el niño —apuntó mi padre—. Si no tiene móvil, ¿para qué le vamos a regalar una aplicación?

—Yo qué sé —contestó mi madre—, pues que practique en tu ordenador.

—Raimunda, lo hemos hablado mil veces —replicó mi padre—, el ordenador es mi herramienta de trabajo y es muy

delicado..., es como si propongo que el niño juegue con tu toga.

—Qué burradas dices a veces —soltó mi madre meneando la cabeza.

Mi madre tenía una especie de capa negra que se ponía cuando tenía que ir a un juicio. Es muy chula y por lo visto se llama *toga*.

Creo que en el juzgado les dan togas gratis a todos los jueces y abogados. Pero mi madre tenía la suya propia, con unos bordados en las mangas.

Me encantaba pasar tiempo con mi madre y que me contase historias de los juicios y de los criminales que había enviado a la cárcel.

También me gustaba mucho estar con mi padre y con mi hermano. Incluso con mi hermana, Rosalía, a pesar de que últimamente se había vuelto una gruñona.

Cuando estábamos todos juntos, parecía que nada malo podía suceder.

Aparte del regalo que me hiciesen, con suerte tal vez podríamos salir de excursión por mi cumple.

Mi familia es mucho de hacer excursiones. Tenemos todo tipo de equipaciones: botas, chubasqueros, cantimploras, pasamontañas...

Aunque, según nos había explicado mi madre, con su nuevo trabajo, por el momento no tendría mucho tiempo para ir por ahí de caminata. Ni para nada.

Me di la vuelta en la cama e intenté dormir.

Al día siguiente, tendría que ir al colegio del pueblo y conocer a mis nuevos compañeros.

Reconozco que estaba un poco preocupado.

Llegar a mitad de curso no era la mejor forma de empezar.

Es como si te presentas en una fiesta de cumpleaños cuando ya han soplado las velas y se han comido la tarta.

Siempre me tocaba ser el nuevo en el colegio y en el barrio y en todas partes.

El novato.

Al que le daban collejas y empujones los listillos.

Nunca me daba tiempo a hacer amigos.

En cuanto empezaba a acostumbrarme a algún sitio, ZAS, ya teníamos que irnos otra vez.

¿Qué culpa tenía yo de que a mi madre la cambiaran de destino en su trabajo?

¡Ya estaba harto!

Quería ser un niño normal.

Igual que los demás.

Cerré los ojos, apreté los dientes y las manos sobre la cama, muy concentrado, y murmuré:

—¡Que se acaben las mudanzas de una vez para siempre!

Un temblor sacudió la casa.

¡¡¡KABUMMMM!!!

Me incorporé, asustado.

—¿Qué ha sido eso? —preguntó mi hermano Rober.

—¡Habrá sido la tormenta! —respondió mi madre desde su habitación.

—Se ha movido la casa entera —dijo mi padre—, no es normal.

—Lo que faltaba —protestó mi hermana desde su cuarto—, ¡hemos venido a vivir a un pueblo con terremotos!

—Venga, a dormir todos —ordenó mi madre—, ya bajo yo a cerrar las ventanas.

Oí los pasos de mi madre bajando por la escalera.

Me recosté.

Aquel temblor... había sido muy raro.

—¿Puedo cogerte de la mano, Tito? —me preguntó Rober.

—Claro —contesté.

En la penumbra, le di la mano.

—No tengas miedo —dije.

—Yo no tengo miedo —replicó mi hermano pequeño, apretándome la mano con fuerza—. Lo hago por ti.

# 3

—Bienvenido al colegio Estrella Polar —dijo el hombrecillo de gafas enormes—. Estudio, conocimiento y a volar.

Los alumnos se pusieron en pie y repitieron a pleno pulmón:

—¡Bienvenido al colegio Estrella Polar! ¡Estudio, conocimiento y a volar!

Nunca había tenido un recibimiento semejante en ninguno de mis anteriores colegios.

En el aula, todos me miraban fijamente.

El director, el señor Ruiz, con sus gafas gigantescas.

La profesora de Historia, con su gran pelo rizado.

Y los treinta niños y niñas, que permanecían en pie delante de sus pupitres.

—¿Quieres decir algo a tus nuevos compañeros, Ramón Naya? —me preguntó el director.

Me puse un poco rojo de la vergüenza.

Algunos se rieron.

También hubo cuchicheos.

—No, gracias —respondí.

—Perfecto, el silencio es el sol que madura los frutos del alma —dijo él—. O dicho de otra forma: en boca cerrada no entran moscas. Hala, ya puedes sentarte.

Por lo visto, al señor Ruiz lo llamaban *el Frases*. Siempre tenía una cita o una frase famosa a punto.

Antes de salir, desde la puerta me dijo:

—Trabaja en silencio y deja que tu éxito haga todo el ruido.

Sin esperar respuesta, el Frases salió del aula.

Avancé entre los pupitres en dirección a la última fila, donde había un sitio libre.

—Ramón Naya —murmuró una niña con una larga coleta cuando pasé a su lado—. El Rana, croac, croac.

—Croac, croac —repitió un niño chino sentado a su lado, riéndose.

—Croac, croac —dijo otro niño con un pañuelo azul que le cubría la cabeza.

El rumor se fue extendiendo por toda la clase:

—Croac, croac... Croac, croac...

Y más risas.

—Silencio —dijo la profesora con firmeza, pero sin dejar de sonreír—. Si oigo un solo ruido más..., todos suspendidos. Sabéis que lo digo muy en serio.

De inmediato, la clase entera enmudeció.

Tragué saliva y me senté en el único sitio libre.

Entonces la vi por primera vez.

Ahí estaba, justo a mi lado.

Ximena.

Tenía el pelo muy largo y muy negro.

Unos ojos increíblemente verdes.

Tanto que parecían brillar.

Me miró muy fijamente.

Después de unos segundos, me preguntó:

—¿Juegas al fútbol?

No me lo esperaba.

¿A qué venía esa pregunta?

—Di —insistió—. ¿Eres bueno al fútbol?

Dudé.

Cuando era pequeño, habían tenido que operarme del corazón.

Durante mucho tiempo no me habían dejado jugar al fútbol ni a casi ningún deporte.

Pero ya estaba bien.

—Creo que sí —dije.

Ella sonrió.

—Ya veremos —replicó—. Ah, me llamo Ximena.

—Yo... —empecé a decir.

—Ya, tú eres Rana —dijo cortándome.

No pudimos seguir hablando.

La profesora dijo:

—Ramón, el nuevo, saca el libro de Historia de una vez, por favor.

Le hice caso de inmediato.

—Mi nombre es Febbe Talina —se presentó ella.

¿Qué?

Nunca había oído un nombre ni un apellido así.

—No es un diminutivo ni un mote, es mi nombre real —dijo—. Puedes llamarme Febbe. O profesora. O entrenadora. Como prefieras.

—Gracias, profesora —dije.

Me pareció lo más apropiado.

—Soy profesora de Historia y entrenadora del equipo de fútbol del colegio en la categoría infantil —dijo.

Me miró atentamente.

No sé si esperaba que dijera algo más, pero por si acaso no abrí la boca.

El primer día era mejor no meter la pata.

—No me gusta que se equivoquen con mi nombre —dijo ella.

Y lo escribió con una tiza blanca en la pizarra: «PROFESORA FEBBE TALINA».

—Febbe viene del latín *Phoebe* —explicó—, y significa...

Miró a los alumnos.

Todos a coro respondieron:

—¡Resplandeciente!

—Perdón, es que me encanta oírlo —dijo sonriendo—. Así ya no se te olvidará: Febbe.

—Febbe —repetí para memorizarlo.

¡Vaya nombre tan raro!

Como casi todo en aquel pueblo.

Desde que había llegado a Nakatomi, casi nada era normal.

—En esta clase, tenemos una norma muy importante —continuó Febbe encantada—: si alguien es capaz de meterme un penalti..., tendrá sobresaliente en mi asignatura todo el año.

Tal vez no hubiese oído bien.

Miré a mis compañeros, pero ninguno se inmutó, como si aquello fuera lo más lógico del mundo.

¿Había dicho... un penalti?

¿Qué tenía que ver eso con la Historia?

—A lo mejor —dijo Febbe—, te estás preguntando qué relación tiene un penalti con la Historia.

Asentí con la cabeza.

—Sí que me lo pregunto —admití.

—Pues, muy sencillo —explicó ella—. Son las dos mejores cosas del mundo: el fútbol y la Historia. Cuerpo y mente. Lo que somos, lo que fuimos y lo que seremos. Reto a cualquiera a que intente meterme un penalti. Sobresaliente asegurado.

Por lo que se veía, allí se tomaban el fútbol muy en serio.

—Ahora bien, si lo fallas —me advirtió la profesora—, suspendido todo el curso.

Se plantó con los brazos en jarras delante de la pizarra.

Cogió otra tiza.

—Cuando quieras, ya sabes —me dijo—. Un penalti. Un solo intento, eso sí.

Movió su melena rizada.

A continuación, escribió un enunciado en la pizarra:

«Batalla de Pearl Harbor».

—En esta clase, nos gusta saltarnos un poco el temario —dijo la profesora—. Esta semana, por ejemplo, estamos con la Segunda Guerra Mundial; en concreto, con el famoso bombardeo de Pearl Harbor.

No tenía ni idea de qué estaba hablando.

En mis anteriores colegios, no habíamos dado nada de la Segunda Guerra Mundial. Y, por lo que yo sabía, esa materia no entraba hasta la ESO.

—En esta operación militar —siguió ella—, los japoneses bombardearon por sorpresa la gran base naval americana de Pearl Harbor, en Hawái.

Dibujó con la tiza un montón de cruces con forma de avión.

—Participaron 352 aviones japoneses —dijo—. ¡Muchísimos aviones! Fue, probablemente, el mayor bombardeo de la historia hasta esa fecha.

De pronto, lo que estaba contando empezaba a parecerme muy interesante.

—Destruyeron un montón de barcos de la flota estadounidense —aseguró Febbe—. Fue una gran victoria de los japoneses. Pero, aun así, cometieron un gravísimo error. ¿Alguien sabe cuál?

PEARL HARBOR

El niño chino levantó la mano.

—Hasta ese momento, Estados Unidos era neutral —dijo—. Pero, después de ese bombardeo, entraron en la Segunda Guerra Mundial.

—¡Exacto! —exclamó la profesora, dando un brinco.

—Empollón —le susurró la chica de la coleta a su compañero.

La profesora estaba lanzada.

Dibujó varios círculos separados en la pizarra.

—Hasta ese día, las llamadas Fuerzas del Eje (los alemanes, italianos y japoneses) iban ganando la guerra, porque los Aliados estaban divididos, cada uno iba a lo suyo —dijo—. Pero, aunque el bombardeo de Pearl Harbor fue un éxito para Japón, a la larga se convirtió en el mayor error histórico que pudieron cometer. ¡Estados Unidos se unió a Inglaterra, Francia y Rusia! ¡Y juntos ganaron!

Unió los círculos en la pizarra.

Y creó un enorme círculo, emborronándolo todo.

—La unión hace la fuerza —dijo—. Y nada, absolutamente nada, despierta más la necesidad de unirse que un gran enemigo común. ¡Si no hubieran bombardeado Pearl Harbor, puede que hubiesen ganado la guerra, mira tú por dónde!

Todos la miramos absortos.

Desde luego, estaba claro que le encantaba su asignatura.

Febbe Talina era una profesora muy apasionada.

—Nunca nadie ha conseguido meterle un penalti —me dijo Ximena—. Los nuevos siempre lo intentan..., y siempre fallan.

—¿Lo del sobresaliente es verdad? —le pregunté.

—Febbe siempre cumple su palabra —respondió Ximena—. Tanto el sobresaliente... como el suspenso.

Ximena parpadeó varias veces.

Durante un breve instante... ¡sus larguísimas pestañas desaparecieron!

Me quedé mirándola con atención.

Tal vez me hubiera confundido.

Unas pestañas no desaparecían y volvían a aparecer de repente.

¿O sí?

# 4

¡PLASH!

Un globo de agua estalló contra mi mochila.

Y luego otro.

¡PLASH!

Y otro más.

¡¡¡PLASH!!!

—¡¿Qué pasa?! —pregunté dándome la vuelta.

Acababa de salir del colegio y bajaba por la escalinata que había delante de la puerta principal.

Arriba, asomada a la barandilla de piedra, vi a la niña de la coleta.

—¡Seguro que te gusta el agua, Rana! —exclamó—. ¡Croac, croac!

A su lado, también apareció el niño chino.

Y el del pañuelo.

Y otros niños y niñas.

No sé muy bien cuántos eran, tal vez ocho o nueve.

Llevaban globos de agua en las manos.

Me apuntaron y...

¡¡¡PATAPLAAAAASH!!!

Los globos explotaron contra mi cuerpo antes de que pudiera reaccionar.

Me quedé tiritando.

Completamente empapado.

Sin saber muy bien qué hacer.

Entre risas, gritaron:

—¡Croac, croac! ¡¡¡Croac, croac!!!

Apreté los puños.

Podía notar la rabia dentro de mi cuerpo.

En los brazos.

En el estómago.

En la cabeza.

Y, sobre todo, en el pecho, muy cerca del corazón.

Era una sensación muy fuerte.

El calor iba aumentando cada vez más en mi interior.

Miré a aquellos niños, que no paraban de reír.

¿Por qué la tomaban conmigo?

Me agarré a los muros de piedra de la escalinata con ambas manos y pensé:

«¡Ojalá se caigan rodando!».

De pronto, una grieta se abrió en la barandilla sobre la que estaban apoyados.

Era de piedra maciza.

La escalera se deslizó ligeramente.

Incluso yo me asusté.

La grieta cada vez se hacía más grande.

La piedra estaba a punto de partirse en pedazos y arrastrarlos.

No sé si no se habían dado cuenta, pero, en lugar de retroceder, dieron un paso adelante.

—¡Te vas a enterar, Rana! —me gritó la chica de la coleta.

Se prepararon para lanzarme más globos.

Una voz llamó mi atención:

—¡Vamos, sube!

—¿Eh?

Allí estaba Ximena, sobre una bicicleta tan verde como sus ojos.

—Venga, no te quedes ahí como un pasmarote —insistió, haciéndome un gesto.

Di un salto.

Y monté en la bicicleta.

Detrás de Ximena.

Me agarré a ella con las dos manos.

Oía las voces que venían desde lo alto de la escalera.

—¡Ya te pillaremos!

—¡Croac, croac!

Ximena pedaleaba con fuerza.

Nos alejamos a toda prisa.

El pelo de Ximena se me metía en los ojos.

Era muy largo.

Y muy negro.

Y olía genial, la verdad.

Aunque no veía nada, me encantó aquella sensación.

—Estás mojado, Rana —me dijo ella.

—Perdón, es por los globos —contesté, alejándome un poco y colocando las manos en la parte trasera de la bici.

—Agárrate con todas tus fuerzas —dijo Ximena—. Estamos a punto de llegar a la charca de la muerte.

—¿Qué es la... charca de la muerte? —pregunté.

—¡¡¡Esto!!! —exclamó acelerando.

Pasé los brazos alrededor de su cintura, asustado.

Ella pedaleó a toda velocidad.

Más.

Y más.

Pasamos por encima de una especie de rampa de cemento interminable.

Salimos disparados por el impulso.

Y...

¡Volamos!

¡Por unos instantes, Ximena y yo volamos sobre Nakatomi!

Subidos en aquella bicicleta verde.

Fue impresionante.

—¡La charca de la muerteeeeeeeeeeee! —gritó.

—¡La charca de la muerteeeeeeeee! —repetí sin saber muy bien lo que estaba diciendo.

Fue... genial.

Todo.

El vuelo.

Ximena.

Los gritos.

Todo excepto una cosa.

¡El aterrizaje!

Caímos de golpe.

Rebotamos sobre un charco gigante.

Salimos despedidos de la bici.

¡Y nos estrellamos contra un barrizal!

Ximena y yo quedamos tirados en el suelo, muy cerca el uno del otro, completamente cubiertos de barro de la cabeza a los pies.

Me dolía todo el cuerpo.

—¿Te ha gustado? —me preguntó ella escupiendo barro.

—No lo sé —dije.

Pasé la mano por mi rostro, tratando de limpiarme un poco.

—Eres muy gracioso, Rana —aseguró Ximena.

—Me llamo Ramón —dije.

—Rana mola más —replicó sin darle importancia.

Cuando lo decía ella, no parecía tan malo.

Rana.

Puede que tuviera razón.

Al final, me iba a gustar.

Me dio la mano y me ayudó a levantarme.

A nuestro alrededor solo había barro y más barro.

Una enorme explanada de barro.

—¿Ha llovido mucho estos días? —pregunté extrañado.

—No es por la lluvia —contestó Ximena—. Es el agua del río que baja de la montaña. Se filtra y crea esta... charca de barro.

—La charca de la muerte —dije.

—Exactamente —señaló ella—. Esa rampa por la que hemos saltado son restos de la antigua central nuclear. Antes de que la trasladaran a las afueras, estaba aquí mismo.

—¿Por qué la llaman la charca de la muerte? —pregunté.

—La llaman así —respondió Ximena— porque está llena de barro y de... radiactividad. Aquí mismo estaba el reactor principal de la central nuclear.

Por un momento, me entró pánico.

¿Nos habíamos revolcado en un campo... radiactivo?

Sentí un hormigueo en los pies.

Quería salir huyendo de allí.

—Que es bromaaaaa —dijo Ximena dándome un golpe en el hombro.

Traté de reír, aunque me costó.

—¿Cómo te voy a traer a una charca llena de radiactividad? —dijo ella—. ¿Te lo habías creído?

—Un poco sí, ja, ja —respondí.

Ximena agarró su bicicleta por el manillar y salimos de allí caminando.

Por mucho que fuera una broma, no podía quitarme de la cabeza la idea de que allí mismo, bajo nuestros pies, hubiese un reactor nuclear.

—¿Quieres que seamos amigos? —me preguntó Ximena de golpe.

—Si tú quieres —dije nervioso—, claro. O sea, que sí, por mí sí.

—Perfecto —respondió ella—. Es importante tener buenos amigos. En el pueblo, hay algunos abusones a los que les encanta meterse con los demás.

—Ya me he dado cuenta —dije—. Si no me hubieras rescatado con la bici, habrían seguido tirándome globos.

—No, no —dijo Ximena—, no me refiero a los de antes. Esos son los buenos.

—¿La niña de la coleta y los que iban con ella son los buenos? —pregunté extrañado.

—Completamente —aseguró.

—Pues cómo serán los malos... —murmuré.

—Los reconocerás en cuanto los veas —dijo Ximena.

# 5

—¿Qué tal tu día de colegio? —me preguntó mi madre nada más entrar en casa.

Fenomenal.

Mis compañeros de clase se han reído de mí.

Me han puesto un mote ridículo.

Me han hecho burla.

Después me han lanzado globos de agua.

Me han empapado sin ningún motivo.

Me han amenazado.

He huido en una bicicleta.

He saltado sobre la charca de la muerte.

Casi me mato del golpetazo.

Me he revolcado por un charco de barro radiactivo.

Ah, y la profesora de Historia me ha retado a un penalti.

—Todo muy normal —respondí.

—¡Pero ¿cómo vienes así?! —exclamó al verme lleno de barro—. Anda, sube a pegarte una ducha caliente.

Mi padre se asomó desde el salón.

—Ramón, ¿dónde te habías metido? ¿Por qué estás cubierto de barro?, ¿qué te ha pasado?

—Nada —contesté—. He estado jugando con una amiga del colegio en una charca.

—Ah, muy bien —dijo él—, cuanto antes hagas amigos, mucho mejor. Pero ya no tienes edad para restregarte por el barro. Y, aunque la revisión saliera bien, debes tener cuidado, tu corazón sigue siendo frágil.

—Sí, papá —dije subiendo la escalera—, me voy a la ducha.

—¡¿Puedo bañarme con el Tito?! —exclamó Rober desde el piso superior dando saltos—. ¡¿Puedo bañarme con el Tito?! ¡Porfa, porfa, porfa!

—¿Te importa bañar a tu hermano? —dijo mi madre—. ¡Que falta le hace!

—¡Síííí, falta le hace! —gritó Rober.

Y me dio un enorme abrazo.

Se puso perdido de barro, claro.

No pareció importarle lo más mínimo.

Al revés, estaba encantado.

—¡Te quiero mucho, Tito! —dijo.

Era imposible decirle que no.

Salí disparado hacia el baño.

—¡El último se queda sin postre esta noche! —grité.

Rober me siguió dando grandes zancadas.

—¡Tened cuidado, que os vais a caer! —nos advirtió mi padre desde el piso de abajo.

Más tarde, durante la cena, mi hermana estaba de morros.

Como de costumbre.

—Tienes que cenar, Rosalía —intervino mi madre.

—No tengo hambre —replicó ella.

—Come al menos las judías —apuntó mi padre.

Mi hermana ni siquiera contestó.

Apartó el plato y se puso a teclear en el móvil.

Mis padres se miraron.

—Aquí no se obliga a nadie a comer —dijo tranquilamente mi madre—. Pero en la mesa, nada de móvil, ya lo sabes.

Rosalía emitió un gruñido y dejó el teléfono apartado.

—Estaba buscando vídeos sobre el uranio enriquecido —dijo mi hermana—. Es para un trabajo de clase.

Mi padre pareció muy interesado.

—La energía nuclear sale del uranio —explicó como si fuera un experto—, es un elemento químico muy poco habitual que se encuentra en algunos minerales.

Lo admito: no tenía ni idea de qué estaban hablando.

Eso del uranio enriquecido me sonaba a chino.

—El instituto está empapelado con carteles sobre la central nuclear —contó Rosalía—. No se habla de otra cosa, están obsesionados.

—Lógico, cariño —intervino mi madre—. La central nuclear es el centro esencial de actividad de la comarca.

—Ya, bueno, pero tampoco hace falta que en clase tengamos que estudiar el tema todo el día —se quejó ella.

—Es una oportunidad para aprender de cerca sobre el asunto —dijo mi padre—. Yo te puedo ayudar: puedo sacarte unos planos de la central o del propio reactor incluso, ya sabes: todo lo que sean diseños, cuenta conmigo. Seguro que a tus profesores les sorprende...

—Vale, vale, pero tampoco te emociones, no quiero ir de novata empollona en el insti —contestó mi hermana.

Mi hermana era especialista en dar cortes.

—¿Y tú qué tal, Ramón? —me preguntó mi padre—. ¿Cómo es esa amiga que decías antes?, ¿es maja?

—Todavía no es una amiga amiga —intenté explicar—. Bueno, a lo mejor sí, no lo sé...

—¿Te refieres a esa cría que te llama Rana y que te lanza globos de agua? —preguntó mi hermana sonriendo.

Le dirigí una mirada asesina a Rosalía.

No sé cómo se había enterado, siempre lo sabía todo.

—¿Te han lanzado globos de agua, Ramón? —preguntó mi padre con los ojos muy abiertos.

—¿Por qué te llaman Rana? —quiso saber mi madre.

—Ya lo sabes, mamá —contesté—, Ra, de Ramón, Na, de Naya...

—Eso y tus ojos de sapo, ja, ja, ja —aseguró Rosalía.

—¡El Tito se llama Rana! —dijo mi hermano pequeño—. ¡Rana, Rana, Rana!

—Que yo me entere —dijo mi padre, intentando recapitular—, ¿has venido empapado porque estabas jugando... o porque una niña te ha lanzado globos de agua?

—No era una niña —respondí—, eran ocho o nueve. Primero me tiraron los globos y luego me fui con mi amiga

Ximena en su bici..., y fue muy emocionante, nos lanzamos sobre la charca de la muerte, que está llena de barro.

—¿La charca de qué? —dijo mi madre atragantándose al oírme.

—¡El Rana se ha bañado en la charca de la muerte! —exclamó Rober.

—¿Qué sitio es ese, Ramón? —preguntó mi padre muy serio.

—No lo sé muy bien —dije—, me llevó Ximena... Dice que la antigua central nuclear estaba allí, pero ahora solo hay barro... y una rampa gigantesca por la que saltamos. Nos dimos un buen trompazo, la verdad...

—No puedes hacer eso, Ramón —dijo mi madre alarmada, señalando mi corazón—, lo sabes perfectamente.

—¡¿Estás diciendo que te revolcaste en el barro en un sitio donde hasta hace poco había un reactor nuclear?! —preguntó mi padre.

A causa de mi operación de corazón, mis padres siempre se preocupaban mucho por mí. Los médicos me habían dado el alta y, por lo que me habían dicho, se suponía que podía llevar una vida normal, pero ellos siempre estaban alerta por si me ocurría algo.

Aunque la verdad es que esa vez a lo mejor tenían razón para preocuparse.

—No fue idea mía —dije excusándome.

—¿Te lanzaste en bicicleta por esa rampa de cemento que hay a la entrada del pueblo y que debe de medir quince o veinte metros por lo menos? —dijo mi padre cada vez más fuera de sí.

—Creo que sí —contesté.

—Dios mío —murmuró mi padre—, esto se nos va de las manos, Raimunda, el niño está descontrolado.

—¡El Tito se llama Rana y en la charca de la muerte hay un *tractor* nuclear! —gritó mi hermano a pleno pulmón.

—Se dice *reactor*, renacuajo —lo corrigió mi hermana, divertida—. Vaya, vaya con Ramoncito, se ha echado novia y se ha convertido en un malote.

—¡Yo no tengo novia! —protesté—. ¡Nunca jamás tendré novia! ¡Y no soy ningún malote!

—En serio, Ramón —dijo mi madre—, ¿te das cuenta de que no puedes hacer esas cosas? No lo digo solo por tu corazón..., lo digo porque es... un disparate.

—Es que Ximena me llevó allí sin que yo me diera cuenta —me excusé—. Íbamos los dos en su bici...

—Para haberos matado —dijo mi padre levantándose.

—Solo tengo una pequeña herida en la rodilla —dije—, y otra en un pie, ah, y otra en la espalda, me parece.

—¿Heridas también? —preguntó mi padre muy preocupado—. Hay que desinfectarlas, hay que... ¡Hay que tener un poco más de cabeza, Ramón!

—¡El Tito se llama Rana y tiene heridas en la rodilla y en el pie y en la espalda me parece! —exclamó Rober golpeando la mesa con el tenedor y el cuchillo.

—¿Puedo ir a mi habitación? —preguntó mi hermana.

—Hasta que no terminemos de cenar, toda la familia en la mesa —ordenó mi padre.

—Yo ya he terminado —dijo Rosalía, insistiendo.

—Lo importante es que entiendas el concepto —dijo mi padre mirándome fijamente—. ¡No puedes saltar sobre los restos de un reactor nuclear!

—¡*Tractor* nuclear! —repitió mi hermano.

—¿Y si ahora tiene radiactividad y nos contagia a todos? —preguntó mi hermana señalándome.

—La radiación nuclear no se contagia —respondió mi padre.

—Vaya que no —replicó Rosalía—, en la clase de Química nos han explicado que la radiación también se puede transmitir entre seres humanos.

—¿Estás segura? —preguntó mi padre muy asustado.

—No digáis barbaridades —interrumpió mi madre—. Primero, Ramón no se ha expuesto a ninguna fuente de radiación peligrosa. Segundo, la radiactividad no se contagia entre personas...

Se detuvo un instante y miró la pantalla de su móvil, que se había iluminado con un mensaje.

—Y, tercero, tengo que salir un momento —anunció—. Al parecer hay un problema grave: ha aparecido una serpiente venenosa en la plaza y se ha montado un tremendo revuelo. Es una especie protegida y también peligrosísima. Perdonad, pero tengo que ir.

—¡Yo quiero ver la serpiente! —gritó mi hermano como loco—. ¡Serpiente, serpiente, serpiente!

—Volveré pronto —se excusó mi madre.

—No hemos terminado de cenar —dijo mi hermana.

Mi madre la fulminó con la mirada.

—Intentad que nadie de la familia se tire a ninguna charca de la muerte hasta que yo vuelva, por favor os lo pido.

Le dio un beso a mi padre, agarró su chaqueta de la percha y dijo sonriendo:

—La justicia nos necesita.

Salió de casa.

—Por lo visto, si eres jueza... —murmuró mi hermana—, te puedes levantar de la mesa en mitad de la cena.

—Rosalía, ya está bien —pidió mi padre—. Venga, yo recojo. Terminad de hacer los deberes o lo que sea.

Subí a mi habitación y estuve un rato haciendo deberes.

De pronto, la asignatura de Historia había despertado mi interés. Tal y como la daba Febbe, no se trataba de aprenderse nombres y fechas, sino de entender por qué habían ocurrido las cosas.

Cuando terminé, levanté la vista.

Desde la ventana de mi habitación, se podía ver el atardecer sobre la colina que había detrás de la urbanización.

El sol se estaba poniendo en ese instante.

Al fondo, se vislumbraba el contorno de la nueva central nuclear.

Enorme, gigantesca, parecía un colosal castillo de cemento armado.

Entonces, como salidas de la nada, aparecieron unas siluetas sobre la colina.

Un grupo de niños en bicicleta que parecían observarme.

¿Serían esos los malos que había mencionado Ximena?

Abrí la ventana de par en par y me asomé para verlos mejor.

¡Eran la niña de la coleta y sus amigos!

Los mismos que me habían lanzado los globos.

Reconocí al niño del pañuelo, y al chino sonriente, y a una pelirroja con el pelo muy corto que me había llamado la atención. También había otro chico alto, desgarbado y muy blancucho; y un chico negro muy serio...

Eran ellos.

Solo que iban subidos a unas bicicletas.

Estaban vigilándome.

Y eso no era todo.

Había alguien más a su lado.

Sobre una bici de color verde, estaba...

Ximena.

Un escalofrío recorrió mi cuerpo.

¿Qué hacía Ximena con los mismos que me habían atacado?

¿Por qué me observaban?

Todo en Nakatomi era muy raro.

Reactores nucleares.

Serpientes.

Niños que me espiaban.

El corazón empezó a latirme más deprisa.

Cerré la ventana de golpe.

Y bajé la persiana.

# 6

Al día siguiente, Ximena me saludó como si tal cosa en el colegio.

—Hola, Rana —me dijo cuando me senté en el pupitre.

—Hola —musité.

—Hoy después de clase tenemos entrenamiento —dijo.

¿Eso era todo?

¿Es que no iba a decir nada sobre lo que había ocurrido el día anterior?

¿Le parecía normal haber ido con esa pandilla a espiarme delante de mi casa?

—Di. ¿Te apuntas al entrenamiento? —insistió Ximena—. Tenemos un hueco en el equipo, a lo mejor puedes hacer una prueba.

—No he traído ropa de deporte —respondí.

—Eso da igual —dijo ella—. Tenemos pantalones y camisetas del Estrella Polar. Y botas y medias. De todo.

—No sé —dudé—. Si me retraso, mis padres se pueden preocupar. Además, debería pedirles permiso antes de apuntarme a fútbol.

—Ya, bueno —dijo Ximena—. El fin de semana jugamos un partido decisivo. Si haces una buena prueba hoy, lo mismo incluso podrías entrar en la convocatoria.

Hacía mucho que no jugaba un partido.

Y tenía muchas ganas de formar parte de un equipo.

Ximena me sostuvo la mirada.

Otra vez, sus larguísimas pestañas parecieron volverse invisibles por un momento.

Supongo que era un efecto óptico.

Todo a su lado era muy raro.

Y muy emocionante.

Primero me ayudaba a escapar.

Y un rato después iba a espiarme con los mismos que me habían atacado.

—¿Te apuntas al entrenamiento o no? —volvió a preguntar.

—Huuuum..., vale —contesté.

Durante todo el día, solo pude pensar en una cosa:

¡¿Por qué había aceptado ir al dichoso entrenamiento?!

Seguro que Ximena me tenía guardada otra sorpresa.

No quería meterme en más líos.

Por no hablar de mis padres. Siempre decían que me convenían más otros deportes que no fueran de contacto. Que debía tener cuidado. Que si el corazón esto o lo otro. Pero a mí me gustaba el fútbol.

Durante la hora de la comida, me crucé con mi hermana por el pasillo de entrada al comedor.

—Rosalía —dije—, avisa a papá de que llegaré tarde a casa.

El instituto y el colegio Estrella Polar estaban en edificios contiguos.

Separados tan solo por unos pocos metros.

Compartían varias zonas comunes, como el patio, el gimnasio o el comedor.

—Mándale un mensaje a papá, por favor —insistí.

Mi hermana pasó de largo y ni siquiera me miró.

Me había oído perfectamente.

Pero hizo como si yo no existiera.

No sabía qué le ocurría.

Detrás de ella, iban tres chicas de su edad con cazadoras vaqueras personalizadas, mascando chicle y riéndose.

Rosalía aceleró el paso; parecía huir de ellas.

Por lo que se ve, yo no era el único novato en apuros.

A medida que se acercaba la hora del entrenamiento, me iba poniendo más y más nervioso.

Cuando acabaron las clases, bajé al patio.

Aún estaba a tiempo de irme a casa.

Podía poner cualquier excusa, decir que lo sentía, pero que mis padres me esperaban.

Miré la puerta exterior del patio.

Si me escabullía, nadie se daría cuenta.

Al fondo, divisé el campo de fútbol.

Había un hombre pequeño, bajito y pelirrojo pintando las líneas del campo con una máquina de cal. Era bastante mayor y andaba encogido. Avanzaba muy despacio, tanto que daba la impresión de ir a cámara lenta.

Ximena pasó a mi lado.

—Es el bedel del colegio, Botón Rojo —me dijo señalando al hombrecillo de la máquina—. Lo llaman así porque durante años trabajó en la central nuclear y, por lo visto, su única misión era vigilar un botón rojo que había que pulsar en caso de avería o accidente, nada más.

—Vaya trabajo tan aburrido... y tan estresante —murmuré—. Oye, que yo no..., o sea, que esto del entrenamiento creo que no...

—¡Venga, espabila, que te esperan todos! —dijo ella cortándome—. ¡Vamos, Rana!

Echó a correr y me hizo un gesto para que la siguiera.

—Me llamo Ramón —murmuré.

Y eché a correr detrás de ella.

Entramos en el vestuario.

La equipación del Estrella Polar era chulísima.

Azul y blanca.

Con una pequeña estrella en el pecho que parecía brillar.

Mi camiseta llevaba el número 11.

Ximena también llevaba puesto el uniforme del equipo.

Con el número 10 a la espalda.

—¿Dónde están los demás? —pregunté.

—Fuera —dijo ella—. Con la entrenadora.

—¿En qué consistirá la prueba? —dije.

—Ahora lo verás —respondió.

Los dos nos miramos en el espejo.

Íbamos vestidos exactamente iguales, con aquella estrella en el centro del pecho.

La imagen me gustó.

—Si me admiten en el equipo —dije—, ¿llevaré el número 11?

—Pues claro —asintió ella.

Salimos al campo.

Ahí estaba Febbe Talina, con su inconfundible pelo rizado.

Profesora de Historia.

Y también entrenadora de fútbol.

Llevaba puesta una sudadera y un chándal con los colores del equipo.

Hizo sonar su silbato.

Y todos los jugadores, que estaban calentando, se detuvieron de inmediato.

Eran nueve.

Con Ximena y conmigo, once en total.

Vestidos de azul y blanco.

Al fijarme un poco más en ellos, los reconocí de inmediato.

La niña de la coleta.

Y también el chino.

Y el del pañuelo.

Y la pelirroja del pelo corto.

Y el chico negro.

Y...

Todos los que me habían tirado los globos de agua.

Los mismos que la noche anterior habían subido a la colina delante de mi casa.

Esos eran los jugadores del Estrella Polar.

Tragué saliva.

En ese momento, sí que quería largarme.

—Hola, soy Berta —dijo la chica de la coleta—, soy la capitana del equipo.

—Yo soy Huang Xii —dijo el chino, ajustándose unas gafas de pasta roja—, aunque puedes llamarme Huang.

—Yo soy Jiménez —dijo el niño del pañuelo en la cabeza—. No tengo ningún pelo en el cuerpo a causa de una enfermedad nerviosa que se llama alopecia areata.

—Alopecia areata —repetí.

—A mí no me importa —dijo—, ya estoy acostumbrado a que me llamen calvorota o rapado o lo que sea. Ah, y no me pongo el pañuelo por eso, lo hago porque me gusta. Tengo trescientos sesenta y cinco pañuelos, uno para cada día del año.

—No te enrolles, Jiménez —le dijo uno rubio que parecía un poco chulito—, que parece que te dan cuerda.

De repente, todos eran muy simpáticos conmigo.

Ya no me lanzaban globos ni se reían de mí.

—¡Partidillo! —exclamó la entrenadora—. El nuevo, ¿de qué juegas habitualmente?

—Delantero —respondí—. Puedo ir por el centro o por la derecha.

—Muy bien, pues de momento te quedas en el banquillo —dijo zanjando el asunto.

¡¿En el banquillo?!

¿Qué clase de prueba era esa?

Si no me veía jugar..., ¿cómo podría decidir si me admitían?

Antes de que pudiera reaccionar, se dividieron rápidamente en dos grupos.

—Mira atentamente —dijo Berta, la capitana—. Aprenderás algo.

Pasó cerca de mí el rubio, que llevaba el número 3 en la camiseta.

—No te creas que vas a entrar en el equipo, listillo —me dijo en voz baja.

—Pero... —intenté decir.

—Pero nada —dijo cortándome—. No me gustan los nuevos. Me llamo Nando, aunque tú no me llames de ninguna forma.

Me quedé en la banda mirando.

El bedel, Botón Rojo, pasó por mi lado con una parsimonia asombrosa.

Al verlo de cerca, parecía aún mucho más mayor.

—En el fútbol no todo es cuestión de correr —me dijo—, lo más importante es pensar.

—Ah, muchas gracias —respondí.

Él recogió unos conos muy lentamente.

Iba tan despacio que resultaba desesperante.

Daban ganas de ayudarlo para que terminara antes.

—Me llamo Bruneyev —me dijo sin mirarme—. Pero puedes llamarme Botón Rojo, igual que el resto. Y no te creas que voy despacio porque no pueda moverme. Voy despacio porque a mi edad ya he corrido demasiado. Ahora solo quiero saborear las cosas.

Se alejó, a paso de tortuga, hacia la zona de vestuarios.

En el campo de fútbol, todo estaba preparado para el partidillo.

Febbe hizo sonar el silbato.

—¡Piiiiiiiiiiiiiiiiiiiiiiiiiiiiiiiiii!

Y el balón se puso en movimiento.

# 7

Ximena pasó el balón a la pelirroja.

Sin parar el balón, ella se lo devolvió al primer toque.

Hicieron una pared rapidísima.

Después, Ximena le dio un pase de tacón a Jiménez.

El chico corrió al hueco y centró al área.

Jugaban muy rápido.

Con pases medidos.

Una y otra vez.

Y con una precisión asombrosa.

—¡Que arda la portería! —exclamó la entrenadora.

Ximena entró en el área.

Y...

¡PATAPUM!

Empalmó el balón con el empeine.

Fue una tremenda volea.

El portero se estiró, pero no pudo hacer nada.

La pelota entró por la escuadra.

¡Golazo!

Hacían paredes.

Pases de tacón.

Triangulaban.

Disparaban a portería sin pensarlo.

Parecían conocerse muy bien entre ellos.

Cada jugada en ataque y defensa iba perfectamente coordinada.

El chico rubio, que estaba en el otro equipo, corría a toda velocidad arriba y abajo.

Cuando cogía el balón, no lo soltaba.

Saltaba a la vista que era un poco chupón, pero la verdad es que era uno de los laterales más rápidos que había visto en mi vida.

Regateaba.

Centraba.

Remataba.

Defendía.

Y no se cansaba de correr.

Por su parte, Ximena tenía una visión de juego increíble.

Cada vez que le llegaba el balón, daba un pase medido, perfecto.

Era la mejor del equipo.

El portero, muy alto y desgarbado, también era buenísimo.

Pegaba unos saltos espectaculares.

Se estiraba y volaba de un lado a otro de la portería.

Hizo algunas paradas casi imposibles.

La pelirroja, con el 9, era la que más remataba a la portería.

Disparaba con una potencia brutal.

Era un verdadero equipazo.

No sabía si estaría a la altura.

El equipo de Ximena se adelantó en el marcador por dos goles de diferencia.

Nando, el rubio, estaba rabioso.

Protestaba.

Y refunfuñaba.

Se veía que no le gustaba perder.

De pronto, Febbe detuvo el partido.

—¡Piiiiiiiiiiiiiiiiiiiiiiiiiiiiiiiiii!

Se volvió hacia mí.

—Elige equipo —me dijo.

—¿Yo? —pregunté desconcertado.

—Pues claro, tú —contestó la entrenadora—. Has venido a hacer una prueba. Elige un equipo y entra a jugar.

—Pero seremos seis contra cinco —dije dudoso.

—Es un entrenamiento, no un partido oficial. Entra de una vez —ordenó Febbe—. Es ahora o nunca.

Podía elegir equipo.

Desde luego, prefería jugar con Ximena.

Además, en el equipo del rubio, también estaba la capitana de la coleta que me había tirado los globos.

No me apetecía mucho jugar al lado de esos dos.

Aunque lo más justo parecía entrar con los que iban perdiendo.

No sabía qué hacer.

A lo mejor, mi decisión era parte de la prueba.

¡Qué difícil!

Un chico con el pelo largo me miró, impaciente. Llevaba el número 7 a la espalda.

—Decídete de una vez —dijo Nando.

—Es normal que le cueste escoger —intervino Jiménez—. Todo tiene sus pros y sus contras.

Di un paso adelante.

Pisé el césped.

Señalé al rubio y dije:

—¡Voy con vosotros!

—Lo que nos faltaba —replicó él.

—Venga, muévete, arriba —me ordenó Berta, la capitana—. Corre, corre...

Le hice caso.

Nada más entrar, salí disparado hacia el campo rival.

Me pegué una carrera tremenda a toda velocidad.

El lateral rubio llegó al extremo del área con el balón controlado.

Era una oportunidad clarísima.

Pero, en lugar de pasármela, chutó a portería desde un sitio casi imposible.

El balón salió fuera por muy poco.

A partir de ese momento, todas las jugadas fueron iguales.

Yo corría.

Me desmarcaba.

Levantaba la mano para que me vieran.

Pero me ignoraban por completo.

Como si fuera invisible.

No me pasaron el balón ni una sola vez.

Preferían centrar a cualquier otro, aunque estuviera en peor posición.

O intentar una jugada individual.

Cualquier cosa con tal de que yo no tocara el balón.

Acabé agotado después de tanta carrera para nada.

Fue un completo desastre.

No pude demostrar si era bueno o malo.

Ni un solo toque de balón, ni un pase, ni un remate.

Después de un buen rato, Febbe hizo sonar el silbato.

—¡Piiiiiiiiiiiiiiiiiii! ¡Se acabó el entrenamiento por hoy!

Me tiré en el césped.

Estaba reventado.

Nando me sonrió desde lejos.

Se había salido con la suya.

—Buena prueba, novato —me dijo la entrenadora acercándose.

—¿Eh? —dije incorporándome.

—Estás admitido en el equipo —anunció—. Rellena la ficha. Entrenamientos: lunes, miércoles y viernes después de clase. Este sábado a las once de la mañana, tu primer partido. Y, si perdemos, puede que el último.

—¿Estoy admitido? —pregunté atónito.

—¿Estás sordo? —dijo Febbe—. Estás en el equipo. Enhorabuena.

¿Buena prueba?

¿Admitido?

¿Qué estaba pasando?

—Estirad un poco antes de marcharos —dijo Febbe saliendo del campo.

—¿Dónde relleno la ficha? —pregunté.

—Berta, explícale al nuevo lo que tiene que hacer —contestó la entrenadora alejándose—. Perdonad, tengo que irme a la manifestación, llego tarde.

—¿La manifestación contra la central nuclear? —preguntó Nando con cara de disgusto.

—Esa misma —dijo Febbe, y desapareció al fondo del patio.

Al parecer, había protestas delante de la central casi todos los días.

Y, por alguna razón, a Nando no le hacía gracia que la entrenadora participara en ellas.

Pero en ese momento no podía pensar en centrales nucleares ni en nada parecido.

Solo tenía una cosa en la cabeza...

¿De verdad me habían admitido en el Estrella Polar?

¿A mí?

¿Después de haber tocado el balón un total de... ¡cero veces?!

No lo entendía.

Pero qué más daba.

Lo importante era que...

¡Estaba dentro!

¡¡¡Estaba en el equipo!!!

# 8

Creo que ya es hora de que presente a los integrantes del Estrella Polar:

Con el número 1, ***PELLO***. Portero. Larguirucho, delgado, desgarbado, muy asustadizo. Grandes orejas. Tiene miedo a la oscuridad, a lo desconocido, a los monstruos que puede haber debajo de la cama..., a todo. Según dicen, por las noches siempre deja una luz encendida para dormir. Puede hacer paradas increíbles, pero a continuación le meten algunos churros de escándalo. Como todos los porteros, es muy despistado, y tiene fama de estar un poco loco.

Con el número 2, ***JALILA***. Lateral derecha. Nació en Marruecos, aunque lleva toda la vida en España. Es muy luchadora, muy leal y también bastante orgullosa. Puede parecer poco sociable, pero en realidad es muuuuuuy tímida. Jamás se da por vencida. Aunque le cuesta un poco soportar el frío del invierno, adora el pueblo, y le dice a todo el mundo que Nakatomi es el mejor lugar del mundo.

Con el número 3, ***NANDO***. Lateral izquierdo. Zurdo. El más rápido del equipo y puede que de toda la liga. Rubio. Un poco chulito. Individualista. Muy guapo, o eso dicen. Es muy presumido. Aunque no me cae muy bien, reconozco que sus subidas por la banda son espectaculares. Con el balón en los pies, es imparable.

Con el número 4, **BERTA**. Defensa central. La capitana del equipo. Le encanta llevar el brazalete puesto, a veces se lo deja incluso para ir a clase o al cine, o a cualquier sitio. Es la líder nata del grupo. Sólida. Fuerte. Segura. Siempre lleva el pelo recogido en una coleta. No impone nada a nadie, escucha y se hace respetar. Es amable y simpática, pero también dura cuando tiene que serlo.

Con el número 5, **MILTON**. Defensa central. Es mulato, tirando a negro. Muy fuerte. Muy grande. Muy alto. Nació en Cuenca capital y se trasladó con su familia al pueblo cuando contrataron a su madre en la central nuclear, igual que otros muchos. No tiene demasiado toque ni visión de juego, pero por alto nadie le gana, y en el uno contra uno no hay quien le haga un regate.

Con el número 66, **HUANG XII**. Centrocampista, volante defensivo. Sus padres, chinos, abrieron un bazar en Nakatomi y poco a poco consiguieron tener una franquicia por toda la provincia. Lleva gafas de pasta. Empollón, genio de la informática, friki de los cómics. Lleva el 66 en la camiseta, en lugar del 6, porque tiene doble nacionalidad, chino-española; o, al menos, eso dice.

Con el número 7, **JON**. Centrocampista ofensivo, extremo izquierdo. Pelo largo, casi melena. Vasco de nacimiento, le cuesta adaptarse a un pueblo de Cuenca sin mar. Apenas habla, algunos creen que es mudo, pero lo único que le pasa es que, si no tiene nada que aportar, prefiere callarse; por lo visto, es cosa de familia, en su casa a veces se tiran dos o tres días sin decir ni mu (si pasara un fin de semana con mis hermanos, creo que se asustaría un poco). No tiene mucha técnica, pero se entrega hasta la última gota.

Con el número 8, **JIMÉNEZ**. Centrocampista trotón. Está en todas partes y en ninguna. Defiende, ataca, puede llegar a ocupar cualquier puesto en el equipo si es necesario, incluso el de portero. No sé cuál es su nombre de pila, pero todos lo llaman Jiménez. No tiene ni un pelo en el cuerpo, sufre alopecia areata; por lo visto, cuando se separaron sus padres, se le cayó todo el pelo y no le ha vuelto a salir, y cada día lleva la cabeza cubierta con un pañuelo de un color distinto. Es la duda personificada, quiere quedar bien con todo el mundo, y eso hace que al final quede mal con todos.

Con el número 9, **RUTH**. Delantera centro. Pelo muy corto pelirrojo. Muchísimas pecas. Muy guapa. Presumida. Le encanta hablar, cantar, saltar, reírse. Por lo visto, tiene más amigos que nadie en todo Nakatomi. Por supuesto, es la más popular del colegio. A veces, puede ser la más simpática del mundo y, al momento siguiente, estar de uñas y pegarte un bufido. Máxima goleadora del equipo. Es famoso su remate de chilena, con el que ha metido un montón de goles.

Con el número 10, **XIMENA**. Mediapunta. Tiene una grandísima visión de juego. Es la mejor del equipo con diferencia. Regatea, da pases, chuta..., lo hace todo bien. Tiene el récord de asistencias de toda la liga. Ya lo he dicho, pero no me importa repetirlo: tiene el pelo largo y negro, unos ojos muy verdes y, cada vez que pestañea, parece que la tierra y el cielo tiemblen; por lo menos a mí me lo parece. Se preocupa por todos y es superdivertida.

Y, con el número 11, **RAMÓN NAYA**. Más conocido como Rana. Delantero. Puedo jugar de extremo o por el centro si hace falta. Vale, tengo los ojos un pelín saltones. Soy tímido y me encanta leer, montar en bici y por supuesto jugar al fútbol. Aunque no tengo mucha velocidad y soy un poco bajito, creo que soy bastante bueno regateando y disparando a puerta.

Aquel momento, cuando la entrenadora me dijo que ya era parte del equipo, fue uno de los momentos más felices de mi vida.

Quería saltar, abrazar a todos, darles las gracias.

Pero me dio vergüenza y me quedé allí en medio callado y mirando a mis compañeros.

Los diez me observaban con atención.

Como si fuera uno de esos ejemplares raros del zoo.

Berta, la capitana, me dio la mano.

—Bienvenido al equipo —dijo.

—Gracias —respondí.

Aún no me lo creía.

—Entra en la web de la LESECU —me dijo la capitana—, pinchas en «Equipos», «Jugadores», y rellenas tus datos personales.

—Te pedirán una foto también —me advirtió Ximena.

—La contraseña para la ficha es Estrellapolarnakatomi —siguió Berta—, la primera en mayúscula.

—Estrellapolarnakatomi —repetí.

—Estarás contento —murmuró Nando en tono despectivo.

—Se lo merece —aseguró Ximena.

—Creía que no me cogerían —dije—, no he tocado el balón ni una vez.

—Aunque fueras malísimo, te habría cogido igual —dijo Nando, pasándose la mano por su pelazo rubio, quitándole importancia—, necesitábamos uno más para llegar a once.

No lo había pensado.

Era cierto.

Necesitaban a alguien para completar el equipo.

—Hemos jugado con diez casi toda la temporada —aseguró Jiménez, ajustándose el pañuelo—. Y hemos llegado al último partido con opciones de ganar la liga.

—¿No hay más jugadores? —pregunté.

—Somos los que tienes delante —dijo Berta—, ni más ni menos.

—Antes había otro jugador con el número 11 —intervino Huang—, pero se fue...; o sea, que ya no está...

Lo fulminaron con la mirada y se calló.

—En cualquier caso, me alegro de estar en el equipo —dije.

—Lo has hecho muy bien —apuntó Ximena—. El fútbol no solo es tener el balón en los pies. También hay que abrir espacios. Desmarcarse. Arrastrar a los rivales cuando hace falta. Jugar en equipo. Y no dejar de intentarlo hasta el último instante.

—Ya, ya —replicó Nando—, pero Febbe lo ha cogido porque somos diez. Lo necesitamos para el partido del sábado.

—A mí me hace ilusión que seamos once otra vez —dijo Milton.

—Y a mí —dijo Ruth sonriendo—. Además, el nuevo fichaje es muy guapo.

Y me dio un leve codazo.

Me puse completamente rojo.

—Casi no lo conocemos —les recordó Pello, un poco agobiado—, ¿y si es malísimo? O peor aún: ¿y si es un espía de Los Hurones?

Las orejas del portero parecieron moverse, como si fueran dos radares.

—No tiene pinta —dijo Milton taladrándome con la mirada—. A ver: ¿eres un espía?

—Yo no —respondí.

—¿Lo veis? —dijo él—, es un novato asustado, nada más.

—Hum —aseguró Jon.

—Entonces, ¿no hay suplentes? —pregunté—. ¿Y si alguien se lesiona?

—Nunca nos lesionamos —contestó Jalila muy seria.

—Qué bien, mucho mejor —dije sin atreverme a contradecirla—. Y, otra cosa, ¿por qué ha dicho la entrenadora que, si perdemos, será mi último partido?

Berta me pasó la mano por encima del hombro.

—El sábado es el último partido de la liga regular —dijo—. Si ganamos, seremos campeones de la LESECU y nos clasificaremos para las eliminatorias provinciales. Si perdemos, se acabó la temporada.

—Jugamos contra los actuales campeones —explicó Huang—: Los Hurones.

—Son bastante buenos —aseguró Ruth—. Pero no tanto como nosotros.

La pelirroja me guiñó un ojo.

Me puse muy nervioso.

—Son unos bestias —intervino Pello asustado.

—Son famosos porque siempre lesionan a sus rivales —dijo Jiménez.

—No lo atosiguéis al pobre, que acaba de llegar —les pidió Ximena.

Efectivamente, era mucha información y muchos compañeros nuevos.

Estaba abrumado.

Aún no había digerido la sorpresa:

Solo llevaba dos días... y ya estaba en el equipo del colegio.

Nunca me había pasado nada parecido.

—Ahora que somos compañeros —dije—, a lo mejor me podéis explicar por qué me perseguisteis y me tirasteis globos ayer.

—Era nuestra manera de darte la bienvenida —respondió Berta sonriendo—. Espero que no te lo tomaras a mal.

—Recibimiento estilo Nakatomi —aseguró Milton orgulloso.

—Y por la noche —dije—, ¿qué hacíais en la colina delante de mi casa?

Se miraron entre ellos.

—Te estábamos vigilando —explicó Ximena.

—¿Por qué? —insistí.

Ximena negó con la cabeza, como si no le quedara más remedio que contármelo.

—Pensábamos que a lo mejor Los Hurones te hacían una visita —dijo.

—¿Quiénes son esos Hurones de los que habláis todo el rato? —pregunté.

—Son unos matones —explicó Jiménez.

—Y unos abusones —soltó Pello moviendo una vez más las orejas.

—No será para tanto —dije.

Me miraron como si no supiera lo que estaba diciendo.

—Están a punto de llegar —murmuró Ximena.

Todos se volvieron hacia ella, preocupados.

Ximena asintió.

—Los Hurones están a punto de llegar —repitió.

—¿Cómo lo sabes? —pregunté.

El silencio se apoderó del lugar.

Todos los jugadores del Estrella Polar miraron a su alrededor.

Como si olieran un peligro inminente.

Yo también busqué con la mirada algún indicio de los dichosos Hurones.

Tras unos segundos sin que ocurriera nada, Berta dijo:

—Ahí están.

Señaló al muro exterior que daba al campo de fútbol.

Subidos a lo alto, aparecieron un grupo de niños y niñas.

Exactamente trece.

No sabía cómo habían llegado ahí.

Era un muro gigantesco.

El que parecía el jefe llevaba parte del rostro cubierto con una careta metálica.

Y un ojo de color rojo intenso.

Tenían un aspecto terrorífico.

—Los Hurones —susurró Ximena—. Te dije que reconocerías a los malos cuando los vieras.

# 9

Sin mediar palabra, Los Hurones saltaron al interior de nuestro colegio.

Corrían por el patio empujando a los más pequeños.

Quitándoles el balón o la mochila o la merienda.

Tirándolos al suelo.

Arrasando con todo lo que pillaban.

Al descubrir su presencia, todos los alumnos echaron a correr.

Se oían gritos.

El pánico se apoderó del patio.

Los Hurones parecían disfrutar provocando aquella desbandada.

No había ningún profesor a la vista, nadie que pudiera pararles los pies.

Entre empujones y golpes, siguieron corriendo hasta el edificio principal.

Sacaron unos espráis.

Hicieron una pintada enorme en la fachada:

«HURONES FOREVER.»

Las dos O parecían unos ojos.

La terminaron en pocos segundos.

Estaba claro que no era la primera vez.

La verdad es que molaba mucho.

Quiero decir que estaba muy bien hecha.

Aquellos dos ojos te miraban fijamente.

Pero, vamos, que me estoy liando: la pintada en sí me parecía fatal.

Era un acto de vandalismo.

Además, habían arrasado con todos en el patio sin venir a cuento.

Después, se dirigieron de nuevo al muro que rodeaba el edificio.

Tal vez dispuestos a marcharse por el mismo sitio por el que se habían colado.

Mis compañeros se pusieron en medio y les cortaron el paso.

Berta les plantó cara.

—¿Creéis que siempre podéis hacer lo que os dé la gana? —dijo.

—No lo creemos —replicó el niño del rostro metálico—. Es la realidad: siempre hacemos lo que nos da la gana.

—Algún día os arrepentiréis —dijo Pello—. Además, falta el punto después de *forever*. ¡Ja! La ortografía es importante incluso en una pintada.

Los Hurones se rieron.

—Uuuy, ahora no podremos dormir en toda la noche: suspendidos en ortografía —dijo una chica sonriendo.

Al hacerlo, mostró una dentadura metálica que brillaba desde lejos.

El jefe de Los Hurones me señaló y preguntó a la capitana:

—¿Ya sois once para el partido?

—No es asunto tuyo, Umberto —respondió Berta muy seria—. Teníamos un pacto de no agresión hasta el partido del sábado. ¡Fuera de nuestro colegio ahora mismo!

—Nadie nos dice dónde podemos ir —replicó otro chico muy grande a su lado que llevaba unas hombreras metálicas.

—Nos encanta venir a visitaros —añadió el tal Umberto.

¿Quiénes eran realmente Los Hurones?

¿Qué pretendían?

¿A qué se refería Berta con eso del pacto de no agresión?

—El jefe de la careta es Umberto —me dijo Huang en voz baja—. El grandullón es Archi. Y la dientes es Culebra.

—Ese de la mano metálica es el portero del equipo —apuntó Ruth—. Lo llaman el Manco.

—Todos Los Hurones tienen una cosa en común —apostilló Huang.

—¿Que juegan juntos al fútbol? —pregunté.

—Que todos sufrieron un accidente en la antigua central nuclear —contestó.

En ese momento, sí que me quedé tieso.

—Todos perdieron una parte de su cuerpo durante el accidente —siguió contando Ruth—. El hombro, la dentadura, la mano..., incluso un trozo de cara, como Umberto.

—Por eso, cada uno tiene un implante metálico en el cuerpo —dijo Huang—. Llevan circuitos electrónicos conectados a su sistema nervioso.

¿Me estaban tomando el pelo?

Nuestros rivales del sábado... ¿eran una mezcla de humanos y robots?

Los observé con más detenimiento.

Una parte de su rostro, de su hombro, de su boca, de su mano, de su rodilla, de su pecho... comenzó a iluminarse.

La parte metálica que les habían implantado pareció cobrar vida propia de repente.

Umberto levantó ambos brazos y exclamó:

—¡Basta de bla, bla, bla! ¡Apartaos!

—No habéis venido para hacer una pintada —dijo Ximena—. Lo sabéis perfectamente.

—Pues claro que no hemos venido para eso —replicó Umberto.

Sus ojos se encendieron de un color rojo muy muy muy intenso...

¡Y lanzó dos poderosos rayos!

Un balón que estaba sobre el césped quedó reducido a cenizas.

Lo voy a repetir por si alguien no lo ha entendido.

El niño con careta metálica llamado Umberto...

¡Lanzó dos rayos por los ojos y desintegró un balón de fútbol!

Después, nos apuntó directamente a nosotros.

—¡Sois unos perdedores! —exclamó.

Volvió a lanzar los rayos.

Saltamos para esquivarlos.

A partir de ese momento, todo fue un caos.

Sé que es rarísimo.

Pero prometo que es verdad.

¡Un niño de once años estaba intentando fulminarnos con unos rayos láser que salían de sus ojos!

Berta lo señaló y bramó con fuerza:

—¡Tú te lo has buscado!

La capitana cogió impulso y...

¡Echó a volar!

¡¡¡Berta estaba volando!!!

Ahí mismo.

Una armadura natural recubrió su cuerpo.

Se puso frente a Umberto.

Los rayos rebotaban en su armadura.

Berta aprovechó para lanzarse sobre el jefe de Los Hurones.

Del empujón, ambos salieron disparados.

Cayeron y rebotaron contra una portería, y volvieron a rebotar contra el banquillo a toda velocidad.

Hasta que al final...

¡Se estrellaron contra el césped!

Y abrieron un enorme boquete en el suelo.

El resto de Los Hurones se dirigieron hacia nosotros.

No parecían traer buenas intenciones.

Ximena no se amedrentó.

Hizo un gesto a los integrantes del Estrella Polar. Y exclamó:

—¡A por ellos!

Los Hurones se lanzan en tropel hacia nosotros.
Mis compañeros avanzan decididos hacia ellos.
Unas enormes garras metálicas salen de las manos de Ruth.
El Manco repele el ataque con su brazo de titanio.

El grandullón coge a Ximena y la estruja con muchísima fuerza.
¡Pero Ximena se vuelve invisible y escapa!
¡Y le propina una tremenda patada! ¡Y luego otra!
Jalila lanza un círculo de fuego con las manos.
Los Hurones retroceden.

AAAAAAAH
Culebra salta sobre Nando... ¡y le muerde un brazo con su dentadura metálica!
Pello interviene para defenderlo: se estira como si fuera de goma.
Se enrosca sobre Culebra hasta que consigue que suelte a Nando.
¡¿Es que todos tenéis superpoderes?!
Están atizándose a base de bien.
Soy el único niño normal en ese campo de fútbol. Tengo que huir, esconderme.

¡Tus amiguitos están demasiado ocupados, no pueden defenderte!
¿Qué vas a hacer?
Primero, te voy a fulminar con mis rayos. Después, arrastraré tu cuerpo por todo el colegio. Y, para acabar, te colgaré del último piso; así todos aprenderán la lección y...
PATAPUM
Algo golpea por sorpresa a Umberto.
Ximena, ¿eres tú?
Chissssssssss
Noto sus brazos envolviéndome y... ¡yo también me vuelvo invisible!

# 10

Ximena echó a correr conmigo en brazos.

Nos alejamos del campo de fútbol a toda prisa.

Atravesó el patio sin mirar atrás.

La puerta exterior del patio se cerró de golpe.

Allí se apostaban varios Hurones.

Aunque no pudieran vernos, supongo que intentaban evitar que escapásemos.

No tenía ni idea de qué estaba pasando.

—Agárrate fuerte —me dijo Ximena.

Era la segunda vez que me decía lo mismo.

Corrió aún más deprisa.

Directa hacia el edificio principal del colegio.

—Vamos a chocaaaaaaaaaaar —dije muerto de miedo.

Pero ella no se detuvo.

Al llegar al muro... ¡lo atravesamos!

Como si fuera mantequilla.

Fue una sensación increíble.

Nada nos detenía.

Atravesamos el vestíbulo.

Y otro muro.

Y un pasillo.

Y otro.

Nos cruzamos con el señor Ruiz y varios profesores que corrían alarmados hacia el patio.

Se oían ruidos y gritos por todas partes.

Atravesamos otro muro.

Y otro más.

Y por fin...

Salimos del colegio.

Nunca antes había vivido nada parecido.

Una niña a la que casi no conocía me llevaba en brazos.

Los dos éramos invisibles.

¡Y acabábamos de atravesar varias paredes como si nada!

Ximena corrió y corrió y no se detuvo hasta que llegamos a las afueras del pueblo, en un cruce de caminos donde empezaban las urbanizaciones.

Se aseguró de que nadie nos seguía y, solo entonces, dejó de correr.

Me dejó en el suelo.

—¿Te puedes volver invisible? —le pregunté—. ¿Y yo también? ¡¿Qué acaba de pasar?!

—Ahora te lo explico... —dijo Ximena.

—¿Tienes superpoderes? —dije cortándola—. ¡Me has llevado en brazos como si fuera una pluma! ¡Y adivinaste que llegaban Los Hurones antes de que apareciesen!

La cabeza me iba a mil por hora.

—Sé que son muchas cosas de golpe... —intentó decir Ximena.

La interrumpí otra vez:

—¡A ese niño le salían rayos láser por los ojos! —exclamé—. Y Berta, la capitana, estaba volando..., y a Ruth le salieron unas garras enormes..., y tú... y yo... ¡hemos atravesado los muros del colegio!

—Cálmate, por favor —pidió ella.

—¡¿Cómo me voy a calmar?! —estallé—. ¿Qué está ocurriendo aquí?

Observé mi mano: estaba temblando.

No podía quitarme la imagen de aquella pelea brutal en el campo, las garras, el mordisco metálico, los rayos láser...

Ximena me miró con sus ojos verdes.

Parpadeó varias veces, moviendo sus largas pestañas.

La dejé hablar.

—Lo que has visto no es lo que parece, Rana —dijo—. Sí, algunos tenemos poderes, pero eso es lo de menos.

—Será lo de menos para ti —protesté—. Yo no..., o sea, que... no es normal. ¿Todos los habitantes del pueblo sois... así?

Ella negó con la cabeza.

—Solo nos ocurre a unos pocos niños —dijo—. Los mayores no lo saben, no tienen ni idea.

—¿Y desde cuándo os pasa? —insistí.

—Justo al cumplir once años empezamos a desarrollar nuestros poderes —dijo Ximena—. A todos nos pasó lo mismo.

Aquello era lo más raro que había oído en toda mi vida.

—Al principio, nos asustamos muchísimo —continuó diciendo Ximena—. Poco a poco, cada uno descubrió que a otros también les sucedían cosas extrañas. Y así nos ayudamos entre nosotros.

—¿Por qué precisamente vosotros? —quise saber—. ¿Es por algo que tiene este pueblo?

—No sé por qué nos ocurre —dijo Ximena, como si ella también se lo hubiese preguntado muchas veces—. Solo nos ha sucedido a unos pocos niños. Algunos somos del pueblo, pero otros han venido de muy lejos. No tenemos ninguna explicación lógica.

—¿Y Los Hurones? —dije.

—En su caso, tuvieron un accidente en la central nuclear —explicó—. A lo mejor la radiactividad los hizo mutar y desarrollar habilidades asombrosas. No lo sé.

—Pero... ¿por qué peleabais hace un momento? —dije desconcertado—. ¿Por qué han dicho que no venían por la pintada?

Ella respiró hondo.

Y respondió:

—Peleábamos por ti.

—¡¿Qué?! —exclamé.

—En cuanto apareciste en el pueblo, supimos que eras un elegido —dijo Ximena—. Los Hurones quieren reclutarte para el lado oscuro. Y, si te niegas, acabarán contigo.

—¿De qué hablas? —dije—. Yo no soy ningún elegido. No quiero que nadie me reclute.

—Tendrás que escoger aunque no quieras —replicó ella.

—Eso es absurdo —dije—. Ni siquiera tengo poderes.

—Mañana cumples once años, ¿verdad? —dijo.

Si lo que estaba diciendo era cierto, significaba que...

—¡¿Mañana empezaré a tener poderes?! —pregunté.

Ximena me miró arqueando las cejas.

No hacía falta que me respondiera.

—Pero ese niño, Umberto, no quería reclutarme —aseguré—. Dijo que iba a fulminarme.

—Es su estilo —dijo ella—. Primero te asusta. Y, cuando el miedo se apodera de ti, cuando ya estás totalmente aterrorizado..., te da la mano y dice que es tu amigo.

Todo aquello era muy raro.

Y muy peligroso.

—Escucha —dijo Ximena—. Tienes un gran poder en tu interior. Ayer, cuando te rescaté con la bicicleta, no lo hice para protegerte a ti. Lo hice para protegerlos a ellos.

Recordé la piedra resquebrajándose que casi hizo que se desplomasen.

—En tu caso, aunque no seas consciente, ya han empezado los poderes —aseguró—. Quieras o no, eres un elegido.

No quería saber nada más.

Ximena estaba equivocada.

Yo solo era Ramón Naya.

El Rana.

El eterno novato.

—Me voy a casa —dije—. Es muy tarde.

—No le cuentes a nadie lo que has visto —le advirtió Ximena—. Ni siquiera a tu familia. Es muy importante.

Di media vuelta.

Y me alejé.

Durante el camino de regreso, iba cada vez más nervioso.

No me gusta ocultarles cosas a mis padres.

Me hace sentir mal.

Pero, por otro lado, si les contaba que unos niños y niñas de mi colegio tenían superpoderes, me tomarían por loco.

No tenía pruebas.

Mi hermana se reiría de mí.

Mi padre se enfadaría.

Mi madre me haría un millón de preguntas.

Tal vez incluso me castigaran.

Decidí que aquello sería mi secreto.

Al menos por el momento.

Durante la cena, permanecí en silencio mientras los demás hablaban.

Mi madre estuvo contando que debíamos tener cuidado porque al parecer habían encontrado otra serpiente venenosa en una calle del pueblo. Incluso habían pedido ayuda a una doctora especialista de una universidad en Melbourne, que es una ciudad enorme de Australia.

—Son taipanes —explicó muy preocupada—, las serpientes más venenosas del mundo.

—¿En Cuenca hay serpientes venenosas? —preguntó mi padre.

—En absoluto —contestó mi madre—. Estos ejemplares tiene que haberlos traído alguien de muy lejos. Las taipanes viven en Australia. La policía está investigando.

—¡Me dan miedo los *tulipanes* venenosos! —exclamó mi hermano pequeño.

—Taipanes, enano —lo corrigió mi hermana.

—Qué cosas, Raimunda —dijo mi padre—, ¡quién te iba a decir que tu primer caso en el pueblo iba a tratar de serpientes, y no de personas!

Ella se encogió de hombros.

Y me miró.

—Estás muy callado hoy —dijo mi madre.

—Mañana es tu cumple —recordó mi padre—. He diseñado unas tarjetas de invitación para tu fiesta.

—¿Qué fiesta? —pregunté.

—Tu fiesta de cumpleaños, por supuesto —contestó.

Me enseñó unas tarjetas que había impreso en un papel negro brillante.

—No pone nada —dije cogiendo una de las invitaciones.

Tanto por delante como por detrás, era una superficie negra.

—Es mágica —dijo él guiñándome un ojo.

Acercó la tarjeta a la luz y apareció una foto mía con un gorro de colores y una serpentina, así como un mensaje en letras doradas:

«Esta tarde a las 18.00 h,
Ramón te invita a su
SUPERFIESTA DE CUMPLEAÑOS.
Calle del Olmo, 11. Nakatomi.»

No estaba mal.

Pero, en ese momento, lo último de lo que tenía ganas era de una fiesta.

—Puedes invitar mañana a tus compañeros del colegio —dijo mi padre intentando animarme.

—Me han cogido en el equipo de fútbol —dije.

Mis padres se miraron.

Sabía que aquella noticia los alteraría.

Ya he dicho que siempre se preocupan mucho por mí.

Demasiado.

Por lo visto, cuando yo era un bebé, lo pasaron muy mal con todo el tema del corazón.

—De acuerdo, cariño —dijo mi madre—, si quieres jugar al fútbol, es tu decisión. Nosotros te apoyamos.

—¡Yo también voy a invitar a mis amigos al cumple del Tito! —dijo Rober.

—Tú no tienes amigos —intervino mi hermana—. En eso estáis empatados Ramón y tú: ninguno tenéis amigos. Sois lamentables los dos.

—Rosalía, no les hables así a tus hermanos —dijo mi madre.

—Venga, que haya paz —pidió mi padre—. Podéis traer a quien queráis a la fiesta. Yo haré mis famosas medias noches de distintos sabores.

No creía que fuera muy buena idea.

Por un instante, me imaginé la casa llena de niños volando.

Echando fuego por las manos.

Atravesando las paredes.

Puuuuuf.

Sería mejor no invitar a nadie.

Me fui a la cama con un solo pensamiento:

Tal vez al día siguiente me convirtiese en un niño con superpoderes.

No dormí mucho, la verdad.

En mitad de la noche, oí ruidos.

Mi madre salió de casa de madrugada.

No era la primera vez que ocurría. Por su trabajo, muchas veces tenía que irse a cualquier hora.

Quizá hubiesen encontrado otra serpiente australiana.

Me levanté con cuidado para no despertar a mi hermano y me acerqué a la ventana.

El coche de mi madre se alejó calle abajo.

Al levantar la vista, vi la central nuclear a lo lejos, iluminada. Parecía que no descansaba ni de día ni de noche, y eso que aún no la habían inaugurado.

Iba a regresar a la cama.

Pero me pareció ver a alguien tras la verja de mi casa.

Al asomarme, se escondió detrás de un árbol enorme que había junto a la entrada.

Quizá fuese Ximena.

O uno de Los Hurones.

O un ladrón acechando nuestra casa.

Me dio la impresión de que llevaba una gran capucha oscura que le cubría el rostro, pero no estaba seguro.

Decidí quedarme ahí atento. Tarde o temprano, el espía saldría de su escondite y descubriría de quién se trataba.

No sé cuánto tiempo estuve apoyado en mi escritorio mirando por la ventana.

En algún momento de la noche, me quedé dormido.

Cuando volví a abrir los ojos, ya nada sería igual.

# 11

—Cumpleaños feliiiiiiiz, cumpleaños feliiiiiiiz, te deseamos todoooos ¡cumpleaños feliiiiiiiz!

Delante de mí, se encontraban mis padres y mi hermano, y un poco más lejos, apoyada en la puerta de mi habitación, mi hermana, Rosalía, con cara de «por favor, que se acabe esto cuanto antes».

Todos cantaban desafinando mucho.

Rober sostenía una tarta de chocolate con ambas manos y un número once encendido.

Yo acababa de abrir los ojos, aún no estaba despierto del todo.

—¡Sopla las velas, Tito! ¡Sopla, Tito! —pidió mi hermano pequeño a gritos, como de costumbre—. ¡Sopla, Tito!

Si no soplaba, no dejaría de gritar.

Así que llené los pulmones de aire.

Cerré los ojos y pensé un deseo de cumpleaños:

Volar.

Tan sencillo como eso.

Despegar los pies del suelo y echar a volar.

Como Superman.

O como... Berta.

Ya tenía once años.

¿Y si ya tenía superpoderes?

¿Y si con mi supersoplido la tarta salía despedida y se desparramaba por todas partes?

Expulsé el aire por la boca y...

Apagué las velas.

No pasó nada extraordinario.

Parecía que aquel no era mi superpoder.

Suponiendo que tuviera alguno.

—¿Has pedido tu deseo? —me preguntó mi padre.

—Eh..., sí, sí —murmuré.

Si hubieran sabido lo que había pedido, se habrían quedado muy preocupados.

—No lo cuentes —me cortó mi padre—, o no se cumplirá.

No pensaba contarlo.

—Once años ya —dijo mi madre emocionada, y me dio un beso en la mejilla.

—Mira qué mayor —añadió mi padre, que me dio otro beso muy sonoro junto al oído—. ¡Muaaaaaaaaaaaac!

—Casi me dejas sordo —protesté.

—¡El regalo! ¡El regalo! ¡El regalo! —gritó Rober.

—¿Ya? —preguntó Rosalía—. A mí no me disteis mi regalo hasta por la noche.

—Sois hermanos, pero cada uno es diferente —dijo mi madre mirándola—. A ti, por ejemplo, te compramos un móvil al cumplir los once.

—¿Al final me habéis comprado el móvil? —pregunté.

—No te flipes —respondió mi hermana.

—Ya sabes que no lo vemos adecuado —dijo mi padre—. Pero tu regalo es mucho mejor, ya verás qué sorpresa.

—¡Mola mucho, Tito! —aseguró Rober.

Ya lo veía venir: un juego educativo.

Al pasar por delante de un espejo, me detuve un momento a mirarme.

Parecía el mismo de siempre.

Ni rastro de mutación o algo diferente.

Me concentré en un bote con lápices y bolígrafos que había sobre la mesa.

Quizá pudiera moverlo con la mente.

Lo miré fijamente.

«Muévete, muévete», pensé.

Pero no se movió.

Ni un milímetro.

Después, levanté un poco los pies.

Me puse de puntillas.

Tal vez pudiese elevarme del suelo.

Aunque fuera un poquito.

—¿Qué haces, friki? —me preguntó Rosalía.

—Pues... nada importante —respondí—. O sea..., estoy aquí pensando en mis cosas.

Nada, tampoco podía volar.

—¿No quieres tu regalo? —me preguntó mi madre.

—Claro —dije—, estoy deseándolo.

Rober apareció con una gran caja y una sonrisa de oreja a oreja.

—¡Pesa mucho, Tito! —dijo.

Rompí el papel que la envolvía y abrí la caja.

—¡Toma! —exclamé sorprendido—. Creía que me habíais dicho que no...

—Como te hacía tanta ilusión... —dijo mi padre sonriendo.

—Mimado —murmuró Rosalía.

Me habían regalado...

—¡Un traje de Dragonman! —exclamé entusiasmado.

Un momento.

Esa caja y ese color..., y no tenía etiqueta...

—No es el traje oficial —dije.

—¡Es mucho mejor! —aseguró mi padre—. ¡Lo hemos hecho a mano entre tu madre y yo!

—Bueno, lo ha hecho casi todo tu padre —apuntó mi madre—, se ha pasado horas cortando la tela y cosiendo, ya sabes que es un manitas.

—Muchas gracias —dije algo decepcionado.

Se parecía mucho al traje de Dragonman.

Era verde.

Y tenía el cinturón con escamas.

Y una capucha con forma de dragón.

Y la capa.

Pero... no era exactamente igual.

Se notaba que era una copia casera.

—Así tienes el regalo que querías y al mismo tiempo contribuimos a lograr un planeta mejor —dijo mi padre—. Esos trajes oficiales son muy poco ecológicos, los hacen en industrias contaminantes y con productos no reciclables. Este es supersostenible y, encima, más bonito.

—Genial —musité.

—Ya eres un superhéroe ecológico, pardillo —dijo mi hermana dándome una pequeña colleja al pasar a mi lado.

—¡Pruébatelo, Tito! ¡Porfa, porfa, porfa! —me pidió mi hermano.

No me resistí, sabía que era peor.

Me puse el traje y bajé a desayunar.

—¡Guapísimo! —dijo mi padre aplaudiendo.

—¡El Tito es Ranaman! —dijo Rober.

Todos le rieron la ocurrencia.

Mi hermano pequeño tenía razón: con aquella capucha verde y aquel antifaz, no parecía un dragón.

Más bien tenía pinta de rana.

Lo que me faltaba.

Por el momento, ni rastro de ningún poder especial.

Encima, me habían regalado un traje un poco cutre con el que parecía una rana.

Al menos, desayunamos la tarta de chocolate.

¡DIN-DON!

¡DIN-DON!

—¿Quién llamará tan temprano? —preguntó mi madre dirigiéndose a la puerta—. Espero que no hayan aparecido más taipanes..., esta madrugada tuve que salir porque encontraron dos en la iglesia, y ya van cuatro sin que nadie sepa de dónde salen.

—Pero ¿han picado a alguien? —quiso saber mi padre.

—Por ahora no —respondió mi madre—. Ese veneno es muy peligroso.

Me metí un enorme trozo de tarta en la boca; estaba buenísima.

Rober me imitó y él también se zampó un gran pedazo de tarta.

—Han venido a felicitarte, cariño —anunció mi madre.

¿A mí?

En la puerta de la cocina, aparecieron...

Ximena.

Berta.

Y Huang Xii.

Casi me caigo al suelo al verlos allí.

Los miré con la boca completamente llena de tarta.

Tenía manchurrones de chocolate por la cara.

Y, para colmo, llevaba puesto el traje de Dragonman casero.

—Hola —dijo Huang—, hemos venido para ver si estás bien...

—Y para felicitarte, claro —añadió Ximena.

—Eso —dijo Berta—, muchas felicidades.

—*Grrrrrgrraccciaagggs* —dije con la boca llena.

A lo mejor querían ver si ya tenía algún superpoder.

Si habían venido por eso, se iban a llevar una decepción.

—Somos los compañeros de colegio de Ramón —dijo Ximena mirando a mis padres— y también del equipo de fútbol.

—Y tú eres su novia, je, je —murmuró mi hermana.

Empecé a ponerme rojo de la vergüenza.

—¡El Tito es Ranaman y tiene novia! —exclamó Rober—. ¡El Tito es Ranaman y tiene novia!

Aquello iba de mal en peor.

Tenía que salir de allí cuanto antes.

Engullí la tarta y me limpié la cara con la manga.

—¿Nos vamos? —pregunté dirigiéndome a mis compañeros—. Vamos a llegar tarde a clase.

—Qué prisas, Ramón —intervino mi padre—. ¿No queréis un poco de tarta, chicos?

—Nunca he desayunado tarta de chocolate, tiene una pinta buenísima... —respondió Huang relamiéndose.

—No hay tiempo, qué pena —dije yo empujando a Huang y a los demás—. Por favor, vámonos de una vez.

Sin darles tiempo a reaccionar, cogí mi mochila y me dirigí a la puerta de entrada, arrastrando a mis compañeros.

—Pero ¿vas a ir así vestido al colegio? —preguntó mi madre.

Era verdad: aún llevaba puesto el traje.

—¡El Tito es Ranaman y tiene novia y un amigo chino! —gritó Rober.

—Me voy —dije—, me hace mucha ilusión llevar mi regalo puesto. Adiós.

Lo único que quería era huir.

—¡No te olvides de repartir las invitaciones a la fiesta! —exclamó mi padre metiéndolas en mi mochila.

—¡El Tito es Ranaman y tiene novia y un amigo chino y una fiesta de cumpleaños!

Crucé el jardín a toda prisa.

—Perdonadles —dije a mis compañeros—, es que son muy... especiales.

—A mí me han caído genial —aseguró Ximena.

—¿Qué fiesta es esa? —preguntó Berta.

—Nada, cosas de mi padre —contesté, y les di una invitación a cada uno—. Para leerla, tenéis que acercarla a la luz. Si no podéis venir, lo entendería perfectamente.

Sentía mucho calor dentro de aquel traje.

Quería alejarme de mi casa cuanto antes, no fuera a ser que mis hermanos saliesen a decir más cosas absurdas.

—Ah, y perdona a mi hermano —le dije a Ximena—, es muy pequeño y no sabe lo que dice.

—¿Le has contado a tu familia que Ximena es tu novia? —preguntó Berta burlona.

Ximena sonrió.

—No, no, yo no..., para nada —aseguré.

Estaba completamente rojo tirando a morado.

—Pues yo me he quedado con ganas de probar la tarta —dijo Huang.

Salimos de la urbanización y seguimos caminando hacia el Estrella Polar.

—¿No has notado nada todavía? —dijo Ximena—. Ya tienes once.

Negué con la cabeza.

—Ya te dije ayer que yo no tengo poderes —afirmé—. No soy ningún elegido.

Ellos tres se miraron con desconfianza.

—El día no ha hecho más que empezar —dijo Berta—. Los poderes llegan de un momento a otro, sin avisar.

—¿En vuestro caso siempre comenzaron el día que cumplisteis once? —pregunté.

—Siempre —respondió Huang.

Recordé el temblor en mi casa de la otra noche.

También la escalinata resquebrajándose.

Por mucho que dijera Ximena, aquello no tenía nada que ver conmigo ni con ningún superpoder.

Era algo que había ocurrido sin más.

—Tú provocaste el temblor —dijo Huang.

Di un respingo.

—¿Qué pasa? —pregunté—. ¿Puedes leerme el pensamiento?

—Sí —dijo él como si fuera algo muy normal—. También puedo comunicarme por telepatía, aunque tengo que estar cerca de la otra persona para hacerlo.

Sentí la voz de Huang dentro de mi cabeza: «No te preocupes, si no quieres no volveré a leerte el pensamiento».

—¿A que es impresionante? —me preguntó Berta.

—Supongo —dije un poco asustado.

Crucé una mirada con Ximena.

Estaba muy confundido con todo aquello.

No quería ser ningún elegido.

Lo único que he querido toda mi vida es ser un niño normal y corriente y pasar desapercibido.

# 12

—¡Es Ranaman! ¡Ja, ja, ja, ja, ja, ja, ja!

Las risas recorrieron el colegio entero.

O alguien les había dicho el mote que me había puesto Rober… o tenían la mentalidad de un niño de cinco años.

—¡¡¡Ranamaaaaaaaaan!!!

Estuvieron todo el día con las bromas y las risas.

En todos los cursos se enteraron enseguida:

El novato había ido al colegio disfrazado de Dragonman. Con un traje cutre. Y con manchurrones de chocolate.

Tal vez no hubiera sido la mejor idea del mundo.

Durante el recreo, preferí quedarme alejado del resto, no tenía muchas ganas de seguir haciendo el ridículo.

Me apoyé en una columna de piedra que había justo detrás del campo de fútbol.

En ese mismo campo, unas horas antes se había producido una batalla campal.

Nadie parecía haberse enterado, no quedaba ni rastro de los socavones en el suelo ni del balón achicharrado, como si no hubiera pasado nada.

Botón Rojo estaba arreglando el césped.

El viejo bedel recorría poco a poco todo el campo de fútbol, metódicamente, sin dejarse ni un centímetro. Echaba algún tipo de abono o de vitaminas, o lo que fuera.

Aquel césped tenía mucha suerte de que alguien lo cuidara así.

Me dio envidia la paciencia y el ritmo sosegado de Botón Rojo.

Tenía razón: ¿para qué correr tanto?

—A lo mejor te crees que con ese disfraz ya eres un auténtico superhéroe —dijo Nando acercándose a mí.

El rubio me miró con una mueca sonriente y añadió:

—Por lo menos, quítate la capucha, es horrible.

—Me lo han regalado mis padres —dije orgulloso.

Me sentía como un bobo paseándome con aquel traje.

Pero Nando siempre iba de sobrado, y no le iba a dar el gusto de admitirlo.

Me fijé en su brazo.

Llevaba una especie de venda en el mismo sitio donde el día anterior aquella chica le había pegado un terrible mordisco.

—Creía que con los superpoderes te curarías enseguida —dije.

—No sabes de lo que hablas —replicó él—. Por mucho que Ximena te defienda, no me fío de ti, Ranaman.

Primero había pasado de Ramón a Rana.

Y luego de Rana a Ranaman.

Si seguía así, a saber en qué me convertiría.

—¿Has notado algo raro hoy? —me preguntó.

—¿Has venido a meterte conmigo o a descubrir si tengo poderes? —repliqué.

—No vayas de listillo y contesta —dijo.

—De momento, nada —respondí.

—Lo que yo decía —dijo Nando—. Solo eres un novato que va de guay.

No sabía por qué le caía mal.

A lo mejor era así con todos los recién llegados.

Ni idea.

—Solo te lo voy a decir una vez —me advirtió—: vete cuanto antes de Nakatomi. Aquí no eres bienvenido. Convence a tu mamá de que pida el traslado.

—Este pueblo no es tuyo —rebatí.

—Como si lo fuera —respondió—. Mi padre es el alcalde. Y uno de los dueños de la central nuclear. Ah, y lo más importante: si no te vas, te haré la vida imposible.

Le sostuve la mirada.

En aquel momento, sí que me habría gustado tener superpoderes.

Pegarle un empujón y que saliera disparado.

—¿Por qué la tomas conmigo? —le pregunté.

—Porque me da la gana —dijo—. Y porque no me gusta que Ximena te proteja tanto.

Por fin lo entendí.

—¿Te gusta Ximena? —pregunté—. ¿Estás celoso?

Aquello pareció enfadarlo aún más.

—¿Tú te has visto? —dijo—. ¡¿Cómo voy a estar celoso de... ti?!

Se puso furioso.

Sin previo aviso, empezó a correr alrededor de la columna.

Muy deprisa.

Mucho más rápido de lo que yo había visto jamás.

Iba dejando un rastro superveloz a su paso.

Como si fuera un ciclón.

Dio un montón de vueltas.

Me quedé muy quieto, asustado.

Cuando se hartó, paró de golpe.

—¡No olvides lo que te he dicho, Ranaman! —exclamó sin mirarme.

Se alejó y se perdió entre el resto de los niños.

Para ser mi cumpleaños, no fue el mejor día de mi vida.

Pasé el resto de la jornada evitando las burlas de medio colegio.

Prácticamente no crucé palabra con nadie.

Tampoco atendí mucho durante las clases.

De vez en cuando, intentaba leer el pensamiento de alguien, o pegaba un pequeño salto por si acaso podía volar, o incluso trataba de lanzar rayos con mis ojos.

Pero nada.

Estaba hecho un lío: no sabía si quería tener poderes o no.

Por un lado, todo el mundo sueña con algo así.

Pero, por otro, me daba miedo.

Puede que Nando tuviera razón.

Lo mejor sería convencer a mi madre y marcharnos de aquel pueblo tan extraño.

Y olvidarme de todo.

Durante tres días en Nakatomi me habían sucedido más cosas raras que en toda mi vida.

A última hora, tuvimos una charla especial en el salón de actos.

Nos reunieron allí a todos los alumnos del colegio.

Me senté en una esquina, lo más apartado que pude, y traté de hundirme en mi butaca lo máximo posible.

Aun así, mi traje no pasaba desapercibido. Los pocos que aún no me habían visto me señalaron y murmuraron entre risas.

En la última fila, vi a mi hermana, Rosalía.

Las tres chicas con cazadoras customizadas parecían estar riéndose de ella.

Le habían pegado un chicle en el pelo, y mi hermana intentaba despegárselo.

Su tutor tuvo que intervenir para que se estuvieran quietas.

Estaba claro que los problemas también continuaban cuando llegabas a secundaria.

Se apagaron las luces y el señor Ruiz anunció que se sentía muy honrado por la persona que visitaba el colegio esa tarde.

—Descendiente directo de los fundadores de este noble

pueblo. Hijo predilecto de Nakatomi. Alcalde por aclamación desde hace diez años. Y un visionario que ha traído la riqueza y el futuro a nuestra comarca —dijo el Frases relamiéndose—. ¡Un aplauso para don Ismael Rata!

En el escenario, apareció un tipo con un traje azul y corbata roja.

Muy rubio.

Y con una sonrisa perfecta de oreja a oreja.

Era exactamente igual que Nando, pero en mayor.

En la pantalla del salón de actos, el proyeccionista, el viejo bedel, puso un vídeo con una música rimbombante donde aparecían imágenes del propio alcalde recorriendo el pueblo, saludando a los vecinos, supervisando la construcción de la central nuclear.

Todo el mundo se puso en pie, alumnos y profesores, aplaudiendo.

Él se acercó a un micrófono y pidió con las manos que nos sentáramos.

—Gracias, gracias —dijo—. Solo quiero prosperidad para

Nakatomi y sus habitantes. Vosotros sois el futuro de este pueblo. Por eso quiero que seáis los primeros en conocer mis nuevos planes.

En primera fila estaba Nando, observando orgulloso.

Sabiendo que se apellidaba Rata, ya no me parecía tan chulito. Si tuviera que elegir, preferiría Rana, desde luego.

—Lo primero —continuó diciendo el alcalde—, es que este sábado, coincidiendo con la inauguración de la nueva central nuclear, me complace anunciaros que yo mismo entregaré el trofeo de campeón de la Liga Escolar al equipo ganador. Y lo haré en el mejor sitio posible, en el símbolo de este pueblo: frente al nuevo reactor nuclear de la central. ¡Espero que sea el Estrella Polar quien levante la copa!

Más aplausos.

No sé qué tenía que ver el fútbol con una central nuclear, pero se ve que allí lo mezclaban todo.

—Lo segundo —siguió diciendo—, es que, como accionista principal de la central, me congratula proclamar que he firmado un acuerdo preferente con el alcalde; o sea, conmigo mismo, je, je. A partir de ahora, Nakatomi se va a convertir en el primer pueblo cien por cien nuclear del mundo. ¡Absolutamente toda la energía será nuclear! ¡La luz, la calefacción, cada cosa grande o pequeña que se mueva en Nakatomi lo hará gracias a nuestro propio reactor!

—Solo los grandes hombres consiguen grandes proezas —dijo el señor Ruiz, y nos animó a que volviéramos a aplaudir.

—Por último, y aunque es lo de menos, quiero haceros saber también que el próximo mes presentaré mi candidatura al cargo de alcalde —dijo Ismael—. Y diréis: vaya novedad, si ya eres el alcalde desde hace años. Pues no, me postularé a alcalde de Nakatomi... y de París también. ¡El primer alcalde de dos pueblos al mismo tiempo!

—Pero ¿eso se puede? —preguntó el Frases atónito.

—El equipo jurídico del ayuntamiento ha elaborado un informe completo y ha enviado la documentación a la Junta Central Electoral —explicó Ismael—. Mi objetivo es que Nakatomi y París sean municipios hermanos y su prosperidad traspase fronteras. Dos pueblos, un alcalde. ¡Si quieres, puedes!

Levantó ambas manos en señal de victoria.

La pantalla gigante detrás de él se iluminó con una foto enorme del alcalde sonriendo y el lema «SI QUIERES, PUEDES».

—¡Más tarde, lo anunciaré en el ayuntamiento, en la plaza, en la central..., en todas partes! —exclamó—. ¡Pero quería que vosotros fuerais los primeros en saberlo!

Nando se puso en pie y gritó:

—¡Eres el mejor, papá!

Muchos otros, alumnos y profesores, lo secundaron.

—¡Bravo!

—¡Así se habla!

Más y más gritos y aplausos entusiastas.

Nunca había visto una cosa así en ningún colegio.

Era un mitin político... para niños.

En fin.

Para no llamar la atención, yo también me puse en pie y aplaudí, aunque no sabía muy bien por qué.

El alcalde sonreía tanto que parecía que se le iba a desencajar la mandíbula.

Desde el escenario, cruzó su mirada con la mía y se quedó observándome.

Quizá mi traje le había llamado la atención.

O puede que su hijo le hubiera hablado de mí.

Justo en ese instante...

La enorme pantalla se fundió en negro unos segundos, volvió a encenderse y comenzó un nuevo vídeo.

Una imagen de la central nuclear ocupó toda la pantalla.

Acompañada de un texto:

«La energía nuclear es contaminante. Los residuos radiactivos no pueden reciclarse. Se acumulan hasta acabar con el planeta».

—¿Esto qué diablos es? —preguntó el alcalde, al que se le había borrado la sonrisa.

«La central nuclear de Nakatomi-París trae el uranio desde Australia, uno de los principales exportadores del mundo.»

Entonces, se vio un montaje de imágenes de Australia. El mar. La costa. Las minas. Los bosques.

«Pero no es lo único peligroso que ha venido al pueblo desde Australia. De aquel maravilloso país, también han llegado a nuestras vidas las taipanes.»

Una enorme serpiente venenosa llenó toda la pantalla.

—¡Que alguien pare el vídeo! —clamó Ismael, dirigiéndose hacia la cabina de proyección, donde Botón Rojo intentaba detenerlo sin conseguirlo.

«Cerrad la central nuclear o el pueblo sufrirá las consecuencias.

Firmado:

el Profeta.»

Justo debajo de la firma, un símbolo que recordaba a una serpiente.

—¡¡¡Ya está bien!!! —gritó el alcalde.

Ismael corrió desesperado por el pasillo del salón de actos hasta la cabina y arrancó los cables del proyector.

Entonces sí, la pantalla se apagó.

Todos nos volvimos hacia el alcalde.

Despeinado, sudando y fuera de sí, trataba de sonreír.

Pero le salió una mueca horrible.

# 13

En cuanto dieron las cinco y sonó el timbre, salí disparado.

Me crucé con Febbe, que entraba en ese momento por la puerta principal del colegio.

No la había visto en el salón de actos, pero había tanta gente que era imposible saber dónde estaban todos.

—¿Dónde vas tan deprisa? —me preguntó.

—Es que... tengo que llegar a casa.

—Ten cuidado, no te vayas a caer y te lesiones —me advirtió—, eres nuestro fichaje estrella para el sábado, je, je.

—Sí, claro, gracias —dije por decir algo.

—Ah, muy chulo tu disfraz de Dragonman —me soltó Febbe.

—Muchas gracias —respondí.

Aunque fuera un cumplido sin mayor importancia, me emocioné un poco.

Era la única en todo el día que había reconocido a Dragonman.

O, por lo menos, la única que lo había dicho.

Me hizo ilusión que al menos hubiera una persona a la que le gustara.

Febbe me caía bien.

Era una profesora de Historia y entrenadora muy... auténtica.

Me encantaba su estilo: le apasionaba su trabajo, siempre parecía contenta y no se daba aires de nada.

Y, además, cuanto más lo pensaba, más me gustaba su nombre: Febbe Talina.

—Me tengo que ir —dije—, pero quería decirte que me gusta mucho tu nombre, Febbe, es muy original. Aunque al principio me pareció muy extraño, ahora me encanta.

Ella sonrió, como de costumbre.

—Podría contarte que me lo pusieron por su significado en latín... —dijo.

—Resplandeciente —murmuré.

—O porque en la mitología griega Febbe era la gran diosa de la luna: Artemisa —continuó—. Pero no. Ninguna de las dos cosas. La realidad es que me lo pusieron porque era el personaje favorito de mi madre en una serie muy antigua: *Friends*.

—Ah, sí —dije—: Phoebe, la rubia, es muy graciosa... Mis padres nos han puesto algunos capítulos.

Cuando volviera a ver la serie y apareciese Phoebe, creo que ya siempre me acordaría de la entrenadora.

Después de saber eso, le pegaba más el nombre todavía.

—El caso es que yo nací el mismo año que se empezó a emitir la serie —añadió— y a mi madre le dio por ahí.

—Genial —dije un poco nervioso.

Tenía que irme.

Quería quitarme el disfraz de una vez.

—Adiós, Febbe —dije, y eché a correr escaleras abajo.

—Adiós, Dragonman —dijo ella—. ¡Feliz cumpleaños!

Cuando llegué a mi casa, me encontré a mi padre colocando unas guirnaldas y un cartel de colores en la puerta de entrada.

—¿Has repartido todas las invitaciones? —me preguntó.

No había vuelto a acordarme de las invitaciones en todo el día.

—Eh..., sí..., todas —respondí.

Subí a mi habitación y las tiré a la papelera.

En el fondo, lo prefería.

No me apetecía ninguna fiesta, no quería ver a nadie.

Volví a mirarme al espejo.

Con mi traje de... Ranaman.

Después de llevarlo puesto todo el día, estaba sucio y arrugado.

Además del chocolate, tenía otras muchas manchas por las mangas, el pecho y la capa.

Y la capucha-antifaz ya no parecía ni un dragón ni una rana; tenía forma de cacahuete espachurrado.

No sabía cómo había podido ir al colegio así.

Por suerte, lo peor había pasado.

El resto de mi cumpleaños estaría tranquilamente con mi familia.

Comería otra ración de tarta.

Y me olvidaría de todo.

—¡Ramón, baja! —gritó mi padre—. ¡Ya han llegado los primeros invitados!

—¡¿Qué?! —pregunté desconcertado.

—Aquí están tus amigos —respondió mi padre—, han llegado muy pronto: ¡genial!

Casi me había olvidado: esa mañana les había dado invitaciones a Ximena, Berta y Huang.

Al parecer, habían decidido acudir a la fiesta.

Se había acabado la tranquilidad.

Al bajar la escalera, me encontré con *mis invitados*.

No era Ximena.

Ni nadie del Estrella Polar.

Ahí estaba...

¡Umberto!

Con su careta metálica que le cubría parte del rostro.

Y, detrás de él, la niña de los mordiscos, Culebra.

Y el gigantón de los hombros metálicos, Archi.

Y el Manco.

Y el resto de Los Hurones.

¡Todos dentro de mi casa!

Me quedé paralizado.

—¡Cuántos amigos nuevos has hecho en tres días, Ramón! —dijo mi padre mientras les servía unos refrescos a los recién llegados.

—Muchas felicidades —me dijo Umberto, mirándome.

—G-gracias —balbuceé.

Debía avisar a mi padre de que aquellos críos eran muy peligrosos.

Mi hermano pequeño apareció por el pasillo dando saltos y agarró del pantalón a Umberto.

—¿Eres un robot? —le preguntó señalando su rostro con partes metálicas.

—Rober, eso no se dice —intervino mi padre—, es una falta de educación.

Umberto miró a mi hermano y sus ojos se iluminaron.

Si se enfadaba, podía desintegrarlo con sus rayos.

Di un paso adelante, muy asustado.

—No pasa nada —dijo Umberto.

Agarró a Rober con ambas manos, levantándolo del suelo y poniendo voz metálica.

—Soy un ro-bot, ja, ja, ja, ja... ¡El ro-bot de las cos-qui-llas a-se-si-nas!

—¡El Tito tiene un amigo robot! ¡Ja, ja, ja, ja, ja, ja, ja! —gritó mi hermano, muerto de risa.

Resoplé aliviado.

Pero el peligro no había pasado.

La puerta de la casa se abrió.

—¡¿Quiénes son todos estos?! —preguntó mi hermana al entrar—. ¿Vais disfrazados o es que sois así de verdad? ¡Fiesta de cumpleaños de los megafrikis!

Culebra se encaró con ella y le mostró su brillante dentadura metálica.

—¿A quién has llamado friki? —le dijo.

—Perdonadla —pidió mi padre—, es que Rosalía es muy... Rosalía.

—Hala, pasadlo bien —dijo mi hermana, y subió a su cuarto—. ¡Avisadme cuando se hayan ido los raritos!

Se produjo un silencio incómodo.

Al verlos allí parados, me dio la impresión de que Los Hurones estaban deseando usar sus poderes, arrasar la casa y de paso acabar con nosotros.

—Bueno, ¿alguien quiere un sándwich o una medianoche? —preguntó mi padre para relajar el ambiente—. Hay de queso, de jamón, de mortadela..., los he hecho yo mismo.

Colocó dos bandejas rebosantes y retiró el papel que los cubría.

Todos se abalanzaron sobre la merienda.

En un abrir y cerrar de ojos, devoraron ambas bandejas.

—Veo que tenéis hambre —dijo mi padre, encantado, saliendo hacia la cocina—, voy a por más.

Era muy extraño ver a todos aquellos niños y niñas con implantes metálicos merendando en el salón de mi casa.

No me gustaba que estuvieran allí, eran una amenaza.

Había visto de lo que eran capaces.

¿Para qué habrían venido?

¿Cómo se habrían enterado de que era mi cumpleaños?

Solo tres personas lo sabían aparte de mi familia: Ximena, Berta y Huang.

No creía que ellos se lo hubieran dicho.

—¿Es tu madre? —preguntó Umberto señalando una foto colgada en la pared del salón.

En ella, se veía a mi madre con su toga negra en las escalinatas de sus antiguos juzgados.

—Sí, es jueza —dije sin prestar mucha atención.

—La mamá de Ranaman es jueza, qué importante, uuuuuuh —dijo Culebra en tono burlón.

No respondí.

Me acerqué a una ventana que daba al jardín.

Pensé en saltar y salir huyendo a pedir ayuda.

Pero no podía dejar allí a mis hermanos y a mi padre con Los Hurones.

Miré a Rober, a mi lado, que tomaba un trago de naranjada, sin tener ni idea de lo que realmente estaba ocurriendo.

Debía hacer algo.

Avisar a mi familia de algún modo.

Respiré hondo y me concentré.

Todavía era el día de mi decimoprimer cumpleaños.

Aún estaba a tiempo de que me ocurriera.

«Vamos, vamos, vamos —pensé—, ahora, superpoderes, venga.»

Como si los poderes fueran a aparecer porque yo los llamase.

—¡¡¡Tito!!! —gritó mi hermano pequeño asustadísimo.

En el marco de la ventana, muy cerca de mí, apareció...

¡Una enorme serpiente venenosa!

¡Una taipán!

# 14

—No te muevas ni un milímetro —le dije muy serio a mi hermano.

La taipán se aproximó, deslizándose hacia nosotros.

Era larguísima.

Debía de medir más de dos metros.

Era de un color marrón verdoso.

Y tenía unos ojos brillantes de color rojo intenso.

Rober parecía a punto de llorar.

—Chisssssssss, no digas nada, aguanta —susurré—. Y no muevas ni un músculo.

Los Hurones observaban la escena sin reaccionar.

Si utilizaban sus rayos láser o su superfuerza, o lo que fuera, acabarían con la serpiente.

—Tal vez podríais ayudarnos —pedí, tragando saliva.

—Podríamos —dijo Culebra.

—Ya te digo —corroboró el Manco.

—Pero preferimos ver cómo te las apañas tú solito —aseguró Umberto.

Siguieron comiendo y bebiendo sin inmutarse.

—Apuesto a que primero se carga al hermano pequeño y luego al mayor —dijo Archi.

—Yo digo que la serpiente va directa a por Ranaman —replicó el Manco.

La taipán seguía avanzando por el marco de la ventana.

Arrastrándose silenciosamente.

Casi la teníamos encima.

Recordé lo que había dicho mi madre: «Es la serpiente más venenosa del mundo».

Rober estaba sudando, aterrorizado.

Yo también.

Aunque intentaba mantener la calma.

Si hubiera estado solo, tal vez habría echado a correr.

Pero no lo estaba.

—Tito, me he hecho pis —dijo Rober.

Se oyeron algunas risas entre Los Hurones, que parecían disfrutar con el espectáculo.

—No te preocupes —le dije a mi hermano—, todo va a salir bien.

Oí un coche que se detenía frente a la casa.

Con suerte, sería mi madre.

Ella siempre sabía qué hacer.

La taipán emitió una especie de silbido y se irguió.

Fijó la vista en mi hermano.

Abrió la boca, mostrando su afilada lengua partida en dos.

Estaba a punto de atacar.

Rober cerró los ojos.

No había tiempo para esperar a mi madre ni a nadie.

—¿De verdad os vais a quedar mirando? —pregunté a Los Hurones, suplicando con la mirada.

No hubo respuesta.

Ya no comían.

Prestaban toda su atención a lo que estaba a punto de ocurrir en la ventana.

La taipán movió la lengua.

Apuntó al cuello de mi hermano.

Tenía que ayudar a Rober como fuera.

Ya mismo.

La taipán hizo un movimiento muy rápido con su larguísimo cuerpo.

Y...

¡ZAAAAAAAAAAAAAAAAAAS!

—¡Ostras! —exclamó Archi.

—¡La leche! —dijo el Manco.

—¡Pero ¿qué es eso?! —dijo Culebra asustada.

Un murmullo de asombro recorrió el salón.

Aunque no sé cómo ni por qué, esto fue lo que ocurrió:

Sin pensarlo, ¡me lancé a toda velocidad sobre la taipán!

La atrapé antes de que pudiera picar a mi hermano.

La agarré con ambas manos.

Y...

Es que no sé cómo decirlo.

Y...

¡Me transformé en una serpiente!

¡Enorme!

¡Gigantesca!

¡De color marrón rojizo!

¡¡¡Me convertí en una taipán!!!

¡Prácticamente igual que la otra!

Podría vivir mil años y jamás habría soñado que me ocurriría una cosa así.

Pero prometo que es la verdad.

¡Convertido en serpiente, me enrosqué alrededor de la taipán!

¡Impidiendo que atacara a mi hermano pequeño!

Rober abrió los ojos y, al ver dos serpientes peleando, gritó.

—¡Aaaaaaaaaaaaaaaaaaaaaaah!

Salió corriendo.

Huyó.

—¡Papááááááááááááá! ¡Mamááááááááááááá! ¡Socorro!

Con mi nueva forma de serpiente, adquirí de pronto una fuerza descomunal.

¡Lancé por la ventana a la taipán y cayó al césped del jardín!

Todo ocurrió en pocos segundos.

Después de eso...

Volví a transformarme en un niño.

O sea, en Ramón.

Era yo otra vez.

Vestido con mi traje de Ranaman.

Me quedé tirado en el suelo.

Tiritando.

Agotado.

Tratando de recuperar el aliento.

Sin comprender nada de lo que había ocurrido.

Los Hurones me observaban boquiabiertos.

Incluso para ellos, lo que acababan de ver era asombroso.

Umberto se acercó a mí.

—¿Estás bien? —me preguntó.

—No lo sé —respondí.

—Yo diría que estás mejor que nunca —aseguró sonriendo.

Me tendió la mano para ayudarme a incorporarme.

Me miró con orgullo y dijo:

—Ya eres uno de los nuestros.

# 15

—¡¿Dónde está la taipán?!

Mi madre entró en el salón corriendo, desencajada.

Seguida de Rober.

Y de mi padre.

—¡¿Dónde?! —volvió a preguntar mi madre.

—En el jardín —dije.

Sin mediar palabra, mi madre corrió hasta la ventana.

Desde allí, pegó un salto hasta el jardín.

Todos nos acercamos, expectantes.

Mi madre llevaba una especie de tenedor gigantesco con dos pinchos.

No sé de dónde lo había sacado.

Con una habilidad increíble, clavó aquella cosa en el césped de forma que la cabeza de la serpiente quedó atrapada entre los pinchos.

A continuación, sacó una jeringuilla y le inyectó algo al animal.

Pocos segundos después, la taipán dejó de moverse.

—Vaya caña tu madre la jueza —dijo Culebra admirada.

—Mola —añadió Archi.

Mi madre nos miró desde el jardín.

—¿Todo en orden? ¿Alguien está herido?

—No, señora —dijo Culebra—, todos bien.

Yo aún estaba temblando, incapaz de asimilar lo que acababa de ocurrir.

Mi padre cogió en brazos a Rober.

—¡Había dos serpientes! —exclamó mi hermano pequeño—. ¡Eran dos serpientes y peleaban!

Preocupada, mi madre miró por el césped y preguntó:

—¿Había otra?

—Yo solo vi una —intervino Umberto.

—Una solamente —corroboró el Manco.

El resto de Los Hurones también aseguraron que solo habían visto una.

—¡Había dos serpientes! ¡Había dos serpientes! —repitió Rober—. ¡Mentirosos!

—Tranquilo, cariño —le dijo mi padre—. A lo mejor te confundiste...

—¡No me confundí! ¡No me confundí! —gritó mi hermano, cada vez más enfadado—. ¡Había dos! ¡Todos las vimos!

Mi padre se lo llevó, intentando que se relajara.

Aunque, por supuesto, Rober no dejaba de berrear.

Nunca se callaba, y menos cuando tenía razón.

—¿De dónde has sacado todo eso, mamá? —le dije.

—El pincho estaba en la chimenea —dijo—. Y las jeringuillas estas me las ha dado la policía, están valorando repartirlas entre la gente, y necesitan una aprobación judicial. —Mi madre regresó al salón por la ventana—. ¿Por qué se habrá inventado tu hermano que había dos serpientes?

—No lo sé —dije.

Umberto me dio un pequeño golpe en el hombro.

—Ramón ha sido supervaliente —dijo—. Agarró la taipán con las dos manos y la lanzó al jardín. Si no llega a ser por él, habría picado al pequeño.

—No me digas —dijo mi madre—. Vaya, vaya, resulta que Ramón es un héroe en el día de su cumpleaños. De todas formas, debes tener mucho cuidado, cariño, no se puede coger una taipán con la mano, es muy peligroso.

—Ya, mamá —me excusé—, es que la serpiente estaba muy cerca de Rober y me asusté..., lo siento.

Mi madre asintió.

—Y vosotros —dijo mirando a Los Hurones—, ¿quiénes sois?, ¿vais al colegio con Ramón?

—No —dijo Archi.

—¿Sois sus compañeros en el equipo de fútbol?

—No —dijo Culebra.

—¿Entonces? —insistió mi madre.

—Somos del equipo rival —explicó Umberto—. Ayer nos conocimos durante el entrenamiento.

—Ah, eso está genial —dijo mi madre—. Rivales dentro del campo. Amigos fuera.

—Exacto —dijo Umberto.

—Lo importante es que estáis todos bien —añadió mi madre—. El asunto de las taipanes está descontrolado. Con esta, ya han aparecido seis.

—¿Es cierto que las ha traído un grupo anticentral nuclear? —preguntó Culebra.

Mi madre movió la nariz.

—Nadie sabe cómo han llegado esas serpientes a Nakatomi —respondió—. No conviene especular.

Los Hurones se miraron unos a otros.

¿Y si habían sido ellos?

¿Y si habían traído la taipán para ponerme a prueba?

—Pero ese vídeo del Profeta —insistió Culebra—, ha aparecido en todas partes.

—¿En vuestro colegio también? —pregunté.

—Se ha hecho viral —dijo Archi—, está en las redes.

—Me flipa el logo de la serpiente —aseguró el Manco.

—Tal vez deberían cerrar la central nuclear para que no haya una desgracia —dijo Umberto mirando a mi madre, como si la estuviera poniendo a prueba—. ¿Usted qué opina como jueza?

—Opino que no es un asunto para niños —contestó ella muy seria—. Siento que tengáis que pasar por esto. Pero pronto se solucionará todo.

Al fondo, se oía a Rober llorando y gritando.

—Voy a ver a tu hermano —dijo mi madre—. Atiende a tus amigos, Ramón. Tened mucho cuidado, por favor.

En cuanto mi madre salió del salón, Archi cerró la puerta.

Culebra se aseguró de que nadie nos oía.

Entre todos me rodearon.

—¿Qué pasa? —pregunté.

Umberto se acercó a mí.

Y... comenzó a aplaudir.

Los demás lo imitaron.

Todos me aplaudieron.

—Bien hecho —dijo Umberto.

—Así se hace —aseguró Culebra.

—¡Bravo!

—¡Bienvenido al club!

¿De qué club hablaban?

¿Por qué me aplaudían?

Yo no era como ellos.

Vale, tal vez tenía algún tipo de poder extraño que aún no comprendía.

Pero nada que ver con aquellos niños y niñas que tenía delante.

—Tienes que dejar el Estrella Polar y unirte a Los Hurones —soltó Umberto.

—Pero yo..., o sea..., yo voy al colegio Estrella Polar —dije.

—Eso puede cambiar —aseguró Culebra—, solo tienes que decirles a tus padres que quieres venir a nuestro colegio.

Ximena ya me había advertido:

Querían reclutarme. O ficharme. O lo que fuera.

—Ni siquiera sé cómo se llama vuestro colegio —dije disculpándome—, ni dónde está, ni nada.

—Es el colegio Versalles —dijo Culebra—, está en París.

—¿Es una broma? —pregunté.

Ella negó con la cabeza.

—Es el pueblo de al lado —me explicó—. Cuando Villa Rata cambió su nombre, Villa Robledo también convocó un referéndum y se convirtió en París.

—París mola mucho más que Nakatomi —aseguró Archi—. Tenemos una plaza más grande y una iglesia más grande. Y lo más importante: Los Hurones vamos a ser campeones de la liga este sábado.

—Antes, la central nuclear estaba en Nakatomi —dijo el Manco—. La nueva está en medio de los dos pueblos, es más justo.

—Os agradezco mucho la oferta —dije—, pero yo soy de Nakatomi. Quiero decir que mi familia vive aquí, y mi madre trabaja en los juzgados del pueblo.

—No —replicó Umberto.

—¿Ah, no? —pregunté desconcertado.

—El juzgado pertenece a los dieciséis pueblos de la comarca —dijo él—. Puedes elegir cualquier colegio al que quieras ir, pregúntaselo a tu madre.

—Además, desde esta urbanización —siguió diciendo Culebra—, andando se tarda menos hasta nuestro colegio. Solo tienes que cruzar el río.

—Qué bien —dije—. Bueno, pues nada..., lo pensaré.

Umberto hizo un gesto a los demás y nos dejaron a solas junto a la ventana.

—Me caes bien, Ranaman —me dijo.

—Ayer dijiste que me ibas a fulminar con tus rayos láser —le recordé.

—Son cosas que se dicen —aseguró—, solo quería que vieras el poder que tenemos.

—Ximena me avisó de que esto pasaría —expliqué—: dijo que primero me asustarías y luego intentarías reclutarme.

—Eso es lo que hicieron ellos —dijo Umberto—. Piénsalo: primero, te lanzaron globos de agua y se burlaron de ti; después, te ficharon para el equipo.

—Así visto, a lo mejor tienes razón —dije pensativo.

—Tienes que elegir —insistió Umberto—. O con el Estrella Polar o con Los Hurones.

Recordé su estampida por el patio.

Empujando a los pequeños.

Asustando a todos.

—Lo siento —dije—, no me gusta empujar a nadie.

—A veces el fin justifica los medios —repuso él—, ya lo entenderás.

—Además —dije—, perdona que lo diga así directamente..., pero yo no soy como vosotros, no tengo..., vamos, que no tengo ningún implante metálico en el cuerpo. ¿Es verdad que sufristeis un accidente en la central nuclear?

Umberto resopló, como si aquello fuera el verdadero meollo de todo el asunto.

—Hubo un accidente —dijo—. Y estábamos dentro de la central. Pero nuestros poderes no empezaron ese día.

—¿Cuándo empezaron? —pregunté interesado.

—Nuestros poderes, igual que los tuyos, empezaron el día que cumplimos once años —respondió.

Los demás seguían merendando unos metros más allá.

Me volví hacia el jardín y vi la taipán.

Seguía en el césped, inmóvil, con aquel doble pincho incrustado en la cabeza.

—A partir del accidente, nuestras habilidades se potenciaron con la radiactividad —continuó diciendo Umberto—.

Por eso somos mucho más poderosos cada día. Mucho más que esos del Estrella Polar. Tú eres de los nuestros, Ranaman.

Lo dijo con tanta seguridad que parecía cierto.

—Ni siquiera sé si tengo poderes realmente —dije.

—Claro que los tienes —dijo él—. Acabas de verlo. Te has transformado en la serpiente más venenosa que existe. Y esto es solo el principio.

—Tengo miedo —reconocí.

—Todos lo tenemos —admitió él—. Si te unes a nosotros, te prometo que nunca te sentirás solo. Te ayudaré a controlar tus poderes. Y, además, juntos haremos que el mundo sea mejor.

—¿Los Hurones queréis que el mundo sea mejor? —pregunté reticente—. Creía que erais los malos, unos abusones a quienes les gusta meterse con los demás.

—No hagas caso a lo que te digan—me pidió—. Las cosas no son lo que parecen. Ya lo comprenderás.

—Se acerca alguien —avisó Culebra.

Oí pasos por el pasillo.

—¿Y ahora qué se supone que tengo que hacer? —le pregunté.

—Tienes hasta el partido del sábado para unirte a nosotros —contestó Umberto—. Si no lo haces, tu familia y tú os convertiréis en enemigos de Los Hurones. Y te aseguro que no querrás que eso ocurra.

—No querrás que eso ocurra —repitió Archi como un loro.

El pomo de la puerta se giró y aparecieron mis padres y mi hermano pequeño.

—¡Había dos serpientes! —gritó mi hermano—. ¡Tito, tú las viste! ¡Había dos!

Rober podía ser muy insistente.

—Muchas gracias por todo, estaba buenísimo —dijo Culebra.

—No hay de qué —contestó mi padre—, pero aún falta lo mejor: ¡la tarta de chocolate!

Mi padre trajo la tarta de la cocina o, mejor dicho, lo que quedaba de tarta. Y comenzó a partirla. Todos se arremolinaron a su alrededor, cogiendo platos.

Aprovechando el revuelo, Umberto me dijo al oído:

—Eres igual que nosotros. Un bicho raro. Ah, y tú también tienes un implante metálico en tu cuerpo.

—¿Yo? —pregunté.

—El más importante de todos —aseguró poniendo su mano sobre mi pecho—. Tu corazón.

# 16

Una válvula de teflón circular de dos discos.

Insertada en mi corazón.

Me operaron cuando yo apenas tenía un año.

No recordaba nada de aquello.

Solo una luz muy fuerte.

Y una sensación extraña dentro de mí.

Por lo visto, los seres humanos tenemos cuatro válvulas en el corazón.

Son fundamentales para que la sangre fluya correctamente.

Y para muchas otras cosas.

El corazón es el órgano más importante del cuerpo.

Según me explicaron, yo nací con una enfermedad llamada valvulopatía congénita.

Por alguna razón, una de mis válvulas no funcionaba bien. Eso hacía que siempre estuviera cansado y que me costase respirar desde bebé.

La solución fue una operación en la que me insertaron una válvula mecánica.

Hecha con un tejido de fibra artificial llamado *teflón*.

Mis padres siempre me decían que mi corazón era muy especial.

Debía tener mucho cuidado con el deporte.

No hacer grandes esfuerzos.

Un médico me aconsejó una vez que, en lugar de fútbol, sería mejor que jugara al ajedrez.

Así evitaría riesgos.

No tengo nada contra el ajedrez.

De hecho, me encanta y a veces juego con mi madre.

Pero es que el fútbol...

Es lo que más me gusta en el mundo.

Además, siempre he soñado con formar parte de un equipo.

Durante mucho tiempo, no me dejaron jugar.

Sin embargo, el año pasado me hicieron unas pruebas en el hospital.

Y el resultado fue que la recuperación había sido un éxito total.

La válvula ya no necesitaba ningún tipo de ayuda externa. Ni unas pastillas que tomaba todos los días ni nada de nada.

Estaba perfecto.

Dijeron que nunca habían visto algo semejante.

Era como si el teflón se hubiera integrado tanto en mi cuerpo que no había diferencia alguna con el resto de las válvulas naturales.

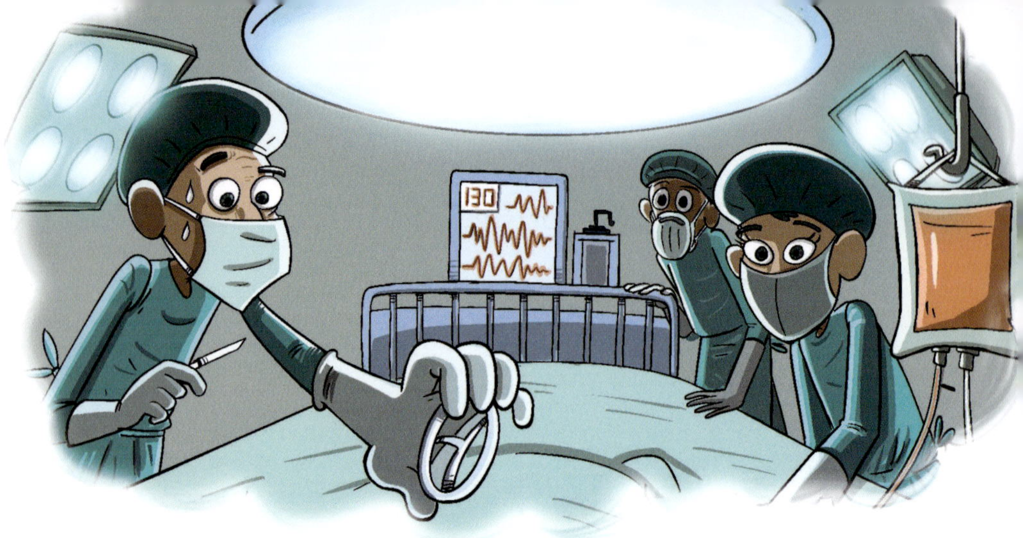


Mi corazón lo había absorbido de una forma asombrosa.

Adelante.

Podía jugar al fútbol.

Solo había una condición.

Teniendo en cuenta la recuperación tan increíble, debía volver a operarme a los diez años de la primera intervención. Me cambiarían la válvula para asegurarse de que todo siguiera funcionando a la perfección. Y así no correríamos riesgos innecesarios.

Hasta que llegara ese momento, podía hacer una vida completamente normal.

Justo se cumplían diez años de la operación.

Así que muy pronto tendría que volver al hospital.

Nunca había pensado que mi recuperación milagrosa tuviera algo que ver con los superpoderes.

Pero el día de mi decimoprimer cumpleaños lo pensé.

No me lo podía quitar de la cabeza.

Por otra parte, Umberto tenía razón.

Sí que me parecía a Los Hurones.

Yo también llevaba un implante en mi cuerpo.

Y tenía miedo.

Y siempre me había sentido un bicho raro.

Y, por supuesto, yo también quería ayudar a los demás.

En muchos aspectos, éramos iguales.

Cuando todos se fueron de la fiesta, por fin me quité el disfraz de Dragonman.

O de Ranaman.

Hice un gurruño con el traje y lo tiré al fondo del armario; no volvería a ponérmelo nunca.

Bastante ridículo había hecho durante un día.

Tenía tantas cosas en que pensar.

Durante unos pocos segundos, ¡me había convertido en una serpiente!

Había un montón de testigos.

Los trece Hurones lo habían visto.

Miré mis manos en el espejo de mi cuarto.

Aún podía notar el tacto escamoso de la taipán.

Si hubiera podido elegir, no habría escogido ese superpoder: transformarme en serpiente venenosa.

Era rarísimo.

Preferiría... volar.

Ya sé que no es muy original, pero siempre he pensado que ese sería mi poder favorito.

Volar como un pájaro.

Como un cohete.

Despegar del suelo y surcar los cielos.

Desde luego, era muchísimo mejor que convertirse en serpiente.

Me había ocurrido una sola vez.

Pero quizá mi cuerpo estuviese empezando a mutar.

No tenía ni idea.

El caso es que el resto de la tarde no volví a convertirme en taipán ni a sentir nada raro.

Me acosté confundido.

Y decepcionado.

No me fiaba de Los Hurones.

Pero tampoco de Ximena y mis compañeros.

Ni siquiera habían venido a felicitarme por mi cumpleaños.

Aunque fuera a regañadientes, a ellos sí los había invitado a la fiesta.

Al menos a Ximena, Berta y Huang.

Apagué la luz de la mesilla.

De inmediato, como si hubiera estado esperando el momento, Rober dijo en mitad de la oscuridad:

—Lo he visto todo.

Desde mi cama, repliqué:

—Anda, duerme, que es muy tarde.

—Lo he visto todo, Tito —insistió.

Decidí no contestar.

Prefería no saber qué había visto mi hermano.

Como era de esperar, Rober no se conformó con mi silencio por respuesta.

—¡Eres una serpiente!

Sus palabras se me clavaron en alguna parte del cuerpo.

Si mi hermano lo sabía, muy pronto lo sabría todo el mundo.

Mi corazón se agitó.

Tic-tac, tic-tac.

—No digas eso —le pedí.

—El Tito es una serpiente... El Tito es una serpiente... —empezó a canturrear en voz baja.

Tic-tac, tic-tac.

—El Tito es una serpiente venenosa.

Tic-tac, tic-tac, tic-tac.

Agarré la almohada para ponérmela sobre la cabeza y dejar de oírlo.

—El Tito es una serpiente venenosa y sus amigos son robots...

Tic-tac, tic-tac, tic-tac, tic-tac.

Apreté con ambas manos la almohada.

Con mucha fuerza.

Y...

Volvió a suceder.

La misma sensación.

Como si yo mismo saliera de mi cuerpo.

Y me transformase en otro.

Me convertí...

¡En una almohada!

¡Blanca, mullida, enorme!

Del susto, quise pegar un salto.

La almohada —o sea, yo— salió disparada.

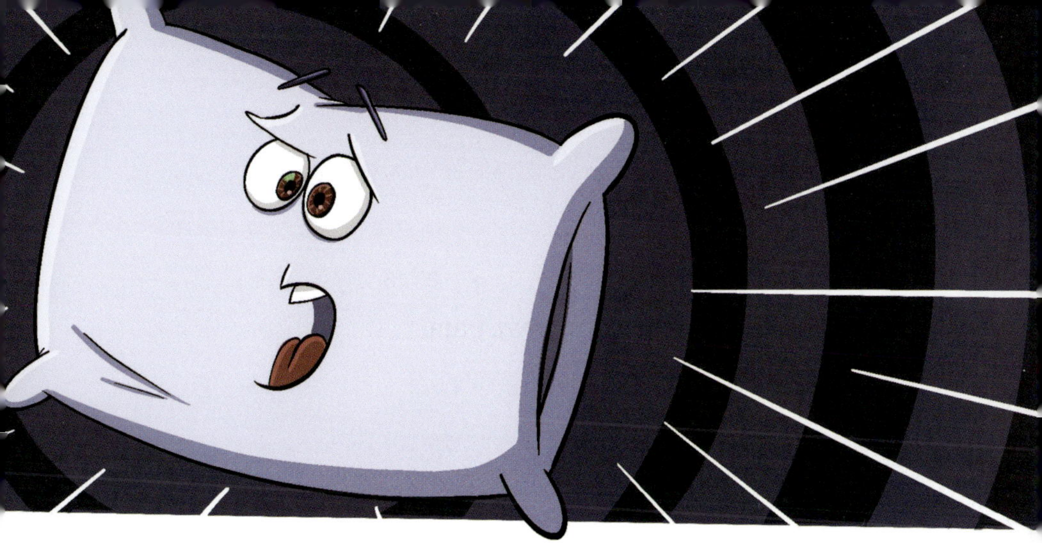

¡Y caí en la cama de Rober!

¡Encima de él!

Mi hermano se incorporó de un brinco.

—¡Guerra de almohadas! —dijo.

Pero al ir a coger la almohada que le había caído encima...

¡Volví a transformarme en Ramón!

¡Otra vez!

—¡Aaaaaaaaaaaaaaaaaah! —gritó Rober despavorido.

Le tapé la mano con la boca.

—¡No son horas para andar jugando! —bramó mi padre desde su habitación.

—¡Callaos de una vez! —protestó mi hermana—. ¡Vaya familia!

Miré a mi hermano en la penumbra.

—Chissssssss —le pedí—, no digas nada, por favor.

Él me miraba con los ojos muy abiertos, perplejo.

No me extrañaba.

¡Un momento antes yo era una almohada!

Los pensamientos iban a toda velocidad dentro de mi cabeza.

Mi superpoder no era convertirme en serpiente.

Era... ¡convertirme en cualquier cosa!

Solo tenía que agarrarlo con ambas manos.

Y concentrarme mucho para que mi corazón se pusiera a mil por hora.

Aquello era...

¡No lo sé!

¡Era una locura!

—Por favor, tiene que ser un secreto entre nosotros —le rogué a mi hermano—. No se lo puedes contar a nadie.

—Vale —dijo él—. A cambio, el Tito tiene que dormir con Rober todas las noches en la misma cama.

—De acuerdo —acepté.

—Para siempre —insistió mi hermano.

—Trato hecho —aseguré sin pensar.

Entonces, mientras los dos chocamos las manos y sellamos nuestro pacto secreto, una luz llegó del exterior.

Parecía venir de lejos.

Rober y yo nos acercamos a la ventana.

Una vez más, aparecieron diez figuras en lo alto de la colina.

Diez niños y niñas subidos en bicicletas con los faros encendidos.

Enseguida distinguí a Ximena y al resto.

Colocaron diez letras gigantescas delante de ellos.

Con la luz de las bicicletas podía leerse perfectamente: FELIZ CUMPL

Les dieron la vuelta a las letras y aparecieron otras diez: EAÑOS RAMÓN.

Después de todo, mis compañeros del Estrella Polar sí habían venido a felicitarme.

Las letras brillaban en medio de la noche: «Feliz cumpleaños, Ramón».

# 17

¡Tenía superpoderes!

O, al menos, tenía un superpoder.

¡Me podía transformar en cualquier animal o cosa!

Cualquiera que tocara con las dos manos.

Para conseguirlo, mi corazón también debía acelerarse.

El poder estaba directamente conectado con mi corazón.

Quizá por eso tuviese aquella enfermedad desde pequeño, no podía saberlo.

Era raro.

Y peligroso.

¡Pero molaba muchísimo!

Pasé el día practicando entre clase y clase.

Al terminar Educación Física, me quedé solo en el gimnasio.

Puse las manos sobre un balón.

No ocurrió nada.

Me concentré para bombear la sangre más deprisa a mi corazón.

Tic-tac.

Pensé en el próximo partido del Estrella Polar contra Los Hurones.

Tic-tac, tic-tac.

¡¿Con qué equipo debía jugar?!

Tic-tac, tic-tac, tic-tac.

¡¿Usaría mis nuevos superpoderes durante el partido de fútbol?!

Tic-tac, tic-tac, tic-tac, tic-tac.

¡Buuuuuuuuuuuuum!

Volvió a ocurrir.

Mi cuerpo mutó.

¡Y me transformé en un balón!

Empecé a botar por todo el gimnasio.

Convertido en balón de reglamento, salí disparado contra las paredes, el potro, las espalderas...

Hasta que terminé dentro de una pequeña portería de fútbol sala.

Me estampé contra la red y volví a convertirme en Ramón.

—¡Gooooooooooooooool! —exclamé riendo entusiasmado.

Botón Rojo se asomó por la puerta del gimnasio y, al verme tirado en el suelo dentro de la portería, riendo sin parar, me preguntó:

—¿Te encuentras bien, muchacho?

—Mejor que nunca —respondí.

Durante ese día, me convertí en un balón, en un libro de Ciencias, en un batido de chocolate, en una piedra de gra-

nito, en una taza del váter y en una ardilla que saltó la verja del colegio.

Estaba eufórico.

Cada vez se me daba mejor concentrarme y acelerar mi corazón.

Sentía que en esas fases de transformación, tenía más fuerza, más energía.

O mejor dicho: sentía que durante esos instantes adquiría todas las propiedades del objeto o animal en el que me transformaba.

La elasticidad.

La dureza.

El conocimiento.

El sabor.

La capacidad de saltar por los árboles.

Lo que fuera.

Cada vez podía controlar el poder unos segundos más.

Me sentía invencible.

Ya no tenía ninguna duda:

¡Me encantaba tener superpoderes!

Y, por si fuera poco, mi sueño se había hecho realidad: podía pasar totalmente desapercibido si me agobiaba.

Podía convertirme en un banco de la calle.

O en un perro callejero.

O en una farola.

Y nadie se fijaría en mí.

Tenía ganas de saltar, de gritar, de explotar.

Cuando toqué una ardilla, empecé a pegar brincos por los árboles de rama en rama sin que nadie me viera.

—¡Soy Ranaman! —exclamé—. ¡El mismo que no podía hacer ejercicio por culpa del corazón! ¡Y ahora salto como una ardilla! ¡Ja, ja, ja, ja, ja, ja, ja, ja!

Me habría gustado que me vieran en ese momento los médicos que dijeron que no podría dar ni una patada a un balón.

Al terminar las clases, fui directo al entrenamiento.

Había tomado una decisión: si seguían sin pasarme el balón y haciéndome el vacío...

Me iría con Los Hurones.

No iba a consentir que me tratasen como a un novato.

Ni mucho menos que se rieran de mí.

Al salir del vestuario, Ximena se acercó.

—Llevas todo el día evitándome —dijo.

—No, no —respondí—. Es que... estoy nervioso con el entrenamiento y el partido.

Ella me miró como diciendo «excusas».

—Has empezado a tener poderes, ¿verdad? —me preguntó sin rodeos.

No respondí.

Quizá fuera mejor que no le contase nada aún.

Quería que me admitieran en el equipo por mí mismo, no por mis poderes.

Aunque, por otro lado, mis poderes también formaban parte de mí.

Y todos en el Estrella Polar tenían superpoderes.

Qué lío.

—No hace falta que digas nada —contestó Ximena—. Se te nota en la cara: tienes poderes.

Estaba deseando contárselo, pero me mordí la lengua.

Ya habría tiempo.

—Ayer por la tarde fuimos a la fiesta de tu casa —dijo Ximena—. Pero vimos que ya estabas muy bien acompañado y decidimos no molestar.

—Los Hurones se presentaron de repente —aseguré—. Yo no los invité.

—Te advertí que intentarían reclutarte —dijo.

—No tiene nada de malo —repliqué—. Vosotros también queréis reclutarme.

Por primera vez, Ximena me miró decepcionada.

—Haz lo que te apetezca —dijo ella—. Si te quieres marchar, tú sabrás.

No quería irme con Los Hurones.

Solo quería pertenecer a un grupo.

Tener amigos de verdad.

Sentir que no era un extraño en todas partes.

—Gracias por felicitarme desde la colina —murmuré.

—Dale las gracias a Huang, fue idea suya —contestó Ximena, alejándose hacia el terreno de juego—. Ah, durante los entrenamientos y los partidos, está totalmente prohibido usar los poderes.

—¿Por qué? —pregunté.

—Porque es demasiado peligroso —dijo.

La entrenadora nos puso a correr alrededor del campo.

Después hicimos flexiones.

Saltos.

Carrera en zigzag entre unos conos.

Y, después, nos preparamos para ensayar jugadas.

Esa vez no pensaba conformarme con correr.

Quería tocar el balón.

Participar de las jugadas.

—Los Hurones practican un juego ultradefensivo —explicó Febbe—. Juegan al contragolpe. Son duros. Son rápidos. Y son letales de cara a la portería contraria.

—En la primera vuelta, nos ganaron tres a cero en su campo —recordó Berta.

—Eso fue porque caímos en su trampa —dijo Nando—: empujones, golpes, juego sucio.

—Eso también —admitió la entrenadora—. Pero lo más grave fue que no jugamos en equipo. Empezasteis muy bien. Sin embargo, en la segunda parte os entró la desesperación y cada uno iba por su cuenta.

—Nando no bajó a defender ni una vez —lo acusó Ruth.

—Porque los delanteros erais incapaces de meter gol —se defendió Nando—. Alguien tenía que intentarlo.

—A esto me refiero —dijo Febbe—. Es muy fácil ser buenos compañeros cuando todo va bien. Pero cuando las cosas van mal, cuando se pierde..., ahí es donde se demuestra quiénes somos de verdad.

—Entonces ¿cuál es el plan? —preguntó Ximena.

Febbe sonrió.

—Hacer lo que menos se esperan —dijo.

—¿Salir huyendo? —preguntó el portero.

—¿Echarnos la siesta a la hora del partido? —dijo Huang.

—¿Invitarlos a rosquillas de chocolate? —propuso Milton.

La entrenadora negó con la cabeza.

Y dijo:

—Regalarles el balón.

# 18

Saques de portería.

Saques de banda.

Faltas.

Córneres.

Presión y recuperación.

Ensayamos un montón de jugadas distintas.

Y, en todas, la táctica era la misma:

Máximo, dos pases.

—¡Dos como máximo, ni uno más! —ordenó Febbe desgañitándose en la banda.

Si, después de dos pases, no habíamos marcado, ¡debíamos regalar el balón!

¿Qué significaba eso?

Pues que teníamos que chutar como fuera, sin pensarlo.

Eso nos obligaba a ser mucho más rápidos.

A estar cien veces más concentrados.

Y lo que quería Febbe:

Sorprender.

Cambiar el estilo de juego habitual del Estrella Polar.

Por lo visto, Los Hurones siempre dejaban que el equipo contrario tuviera la posesión para robar el balón y jugar al contraataque.

Si no teníamos el balón, no podían robárnoslo.

Quizá fuera un poco arriesgado, pero merecía la pena.

A mí me encantó el entrenamiento.

Con tantas novedades, todos se olvidaron de que yo era el nuevo.

Durante un rato, fui uno más.

Participé en las jugadas como cualquier otro.

La entrenadora daba voces y más voces desde la banda, lo vivía a tope.

—¡Dos pases y soltamos el balón!

Era muy difícil.

Dos pases máximo... y disparo a la portería.

Aunque estuviéramos en nuestro propio campo.

No había excepciones.

—¿No pueden ser tres pases por lo menos? —preguntó Jiménez agobiado.

—¡Dos he dicho! —exclamó Febbe—. ¡El balón quema, quema, quema!

Hice una pared con Ximena.

Un pase.

Dos.

Y...

¡Chuté!

El balón salió despedido muy lejos de la portería.

—¡Así, así! —exclamó Febbe—. ¡Vamooooooos!

Tal vez era porque yo no estaba acostumbrado a jugar con ellos y, por lo tanto, no conocía otro sistema, pero creo que no se me dio mal.

—Me gustaba más nuestra antigua estrategia —protestó Jiménez.

—Y a mí —convino Ruth.

—Hum —dijo Jon, al que todavía no había oído decir ninguna palabra completa.

—Con la antigua estrategia, perdimos tres a cero —les recordó la entrenadora—. ¡Venga, menos protestar y más correr!

Durante más de una hora estuvimos practicando sin parar.

Era un sistema agotador.

Se corría muchísimo.

Todo el rato arriba y abajo.

Sin descanso.

Y encima no teníamos suplentes.

Poco a poco, las jugadas empezaron a salir más fluidas.

Casi sin darme cuenta, estuve a punto de usar mis poderes.

Corrí a por el balón tras un pase de Ximena.

Al ver que no llegaba, pensé: «Si fuera tan ligero como el viento, alcanzaría el balón».

Tic-tac, tic-tac.

Extendí las manos y sentí la brisa en ellas mientras oía los latidos de mi corazón.

Tic-tac, tic-tac, tic-tac.

Mi cuerpo empezó a desvanecerse.

Mis manos, mis pies..., todo se estaba transformando en millones de partículas diminutas.

¡Me estaba convirtiendo en el propio aire que me rodeaba!

De golpe, detuve la transformación.

Y dejé de correr, exhausto.

Primero, porque ya me había advertido Ximena de que no podían usarse los poderes.

Y, segundo, porque me asusté.

Muchísimo.

¡¿También podía convertirme en... viento?!

¿Cuál era el límite?

¿Podría transformarme en todo?, ¿en cualquier cosa?, ¿en agua?, ¿en fuego?

Un escalofrío recorrió mi cuerpo.

—¡Corre, espabilado, que la jugada sigue! —me gritó Nando.

—¿Eh? —dije—. Ah, sí...

—¡Todos a una! —gritó Febbe—. ¡Nadie lo hace mal! ¡Si uno falla, todos fallan! ¡Si uno acierta, todos aciertan!

Estuvimos corriendo sin parar.

Hasta que, al fin, conseguimos marcar un gol.

Ximena le pasó a Ruth.

Ella controló con el pecho en la frontal.

Y colgó el balón al punto de penalti.

Llegué corriendo... ¡y rematé de cabeza!

¡Goooooooooooooool!

Mi primer gol con el Estrella Polar.

Aunque fuera en un entrenamiento.

Y de cabeza.

No suelo marcar de cabeza.

Pero aquel día parecía que todo era posible.

La entrenadora nos reunió alrededor del círculo central.

—Todos los que estáis aquí sabéis jugar al fútbol y correr —dijo—. Además, ahora tenemos tres sistemas de juego completamente distintos.

—¿Tres? —preguntó Berta.

—Sistema número uno: el que hemos hecho siempre —respondió Febbe—. Pase, pase, pase, toque, toque, toque, posesión, posesión, posesión, posesión...

—Me gusta nuestro sistema —dijo Huang—, ya estamos acostumbrados.

—Sistema número dos: máximo dos pases y disparo —siguió la entrenadora—. El balón para ellos.

—Es muy cansado —dijo Jiménez resoplando.

—A mí me gusta —dijo Jalila.

—¿Y sistema número tres? —preguntó Ximena.

—Sistema sorpresa —dijo la entrenadora—. Os lo diré durante el partido.

—Se supone que la estrategia debe ser sorpresa para el rival —intervino Berta—. No para nosotros mismos.

—Pues en esta ocasión será sorpresa para todos —aseguró Febbe—. Un poco de improvisación viene bien.

Levanté la mano.

—Perdón —dije—. A lo mejor no lo he comprendido, pero, exactamente, ¿qué sistema vamos a usar durante el partido de este sábado?

—Los tres —dijo Febbe—. Yo os iré avisando.

Fenomenal.

Había un sistema que todos conocían de memoria y con el que yo nunca había jugado.

Otro sistema que consistía en correr y regalarles el balón.

Y, por último, un sistema que ni mis compañeros ni yo sabíamos de qué iba. Y que la entrenadora nos diría en el último segundo.

Para ser nuevo en el equipo, no me lo ponían muy fácil.

—No te preocupes, novato —dijo Ruth sonriendo—, tú déjate llevar.

—Y obedece a los veteranos —añadió Milton.

—Has metido un golazo —aseguró Ximena—, muy bien hecho.

—Ha sido de potra y sin equipo rival —murmuró Nando—. A ver el sábado...

Febbe sonrió y dijo:

—Una última cosa antes de iros.

Nos colocó a los once en posición 4-3-3.

Sacó una cuerda elástica de color azul.

Nos la pasó por la cintura a cada uno de nosotros.

Fue haciendo unos nudos corredizos.

Y finalmente...

Quedamos todos atados unos a otros
por aquella larga cuerda.

—No estáis atados, estáis unidos —dijo la entrenadora.

—¿Y ahora qué? —preguntó Huang.

—Si uno se mueve, todos se mueven —respondió ella—. Si uno se cae, todos lo levantan. ¡Quiero que seáis uno solo!

—Uf, esto es un poco raro —dijo Pello agobiado.

Menos mal que alguien lo decía, no quería ser el único que pusiera pegas.

—¿Hasta cuándo tenemos que estar atados? —preguntó Jalila.

—No estáis atados, estáis unidos —insistió la entrenadora.

—Vale, pero ¿hasta cuándo?

Febbe miró su reloj y dijo:

—Pues estaréis así con la cuerda hasta..., huuuum..., hasta que empiece el partido.

—¡¿Qué?! —exclamó Jiménez.

—¡El partido es mañana! —gruñó Nando.

—Precisamente —dijo Febbe—. Así aprenderéis de verdad lo que es estar unidos.

—¿Y para dormir? —preguntó Berta.

—¿O para ir al baño? —dijo Huang.

—Yo soy portero —intervino Pello—, voy por libre, ¿puedo soltarme?

—Claro que puedes —respondió Febbe—. El que quiera puede soltarse en cualquier momento. Ahora bien, quien abandone la cuerda antes del partido... no jugará mañana.

Nos miramos preocupados.

—Ah, si todos os rendís y os soltáis —dijo Febbe—, nadie jugará.

La entrenadora tenía fama de cumplir siempre su palabra.

Aquella vez no parecía una excepción.

—No es tan complicado —continuó—. Es una cuerda muy elástica. Si alguien tiene que entrar en el baño, los demás se pueden quedar fuera esperando.

—Pero cada uno tiene que ir a su casa a dormir —recordó Berta.

—De eso se trata —replicó la entrenadora—. Tenéis que poneros de acuerdo. Y pedir permiso a vuestros padres y a quien haga falta. Tenéis que conseguirlo... unidos.

La entrenadora nos observó unos segundos.

—Vamos, recoged todo y a casa —ordenó—. Nos vemos aquí mañana una hora antes del partido. ¡Buenas noches, que durmáis bien! ¡Y pasadlo genial, es una gran oportunidad!

Se alejó tan contenta como siempre.

Y nos dejó allí plantados a los once.

Tendríamos que permanecer atados por una cuerda hasta el día siguiente.

# 19

—¿Qué horas son estas de llegar? —preguntó mi padre—. Es de noche, Ramón, estábamos muy preocupados...

Al ver que yo no estaba solo, se quedó callado un instante.

Los once integrantes del equipo estábamos en la entrada de mi casa.

Unidos por la cuerda azul.

Supongo que debía de ser un poco chocante abrir la puerta y encontrarte de pronto a once niños atados.

—¡¿Quiénes son todos estos?! —exclamó—. ¡¿Y por qué estáis atados?!

—Todo tiene una explicación, señor Naya —dijo Berta, la capitana.

Habíamos decidido que dormiríamos en el gimnasio del colegio.

Era lo más práctico: allí cabríamos sin problemas.

Pero para eso teníamos que pedir permiso, claro.

Cuando fuimos a ver a su despacho al director del colegio, el señor Ruiz, se quedó pensativo, se ajustó las gafas y finalmente aceptó.

—Está bien, podéis disponer del gimnasio, todo sea por el espíritu de equipo —concedió—. Como dijo Pelé: «El talento individual gana partidos, pero el trabajo en equipo gana campeonatos».

Pelé era el mejor jugador de fútbol de todos los tiempos.

Y nosotros solo éramos un grupo de niños y niñas jugando la Liga Escolar de la Serranía de Cuenca.

El Frases puso dos condiciones para que usáramos el gimnasio:

Que todos nuestros padres firmaran el consentimiento.

Y que un adulto pasara la noche con nosotros.

La primera parte ya casi la habíamos conseguido.

Fuimos casa por casa explicando lo que ocurría.

Todos los padres habían firmado la autorización.

Solo faltaban los míos.

—¿Os habéis vuelto locos? —preguntó mi padre—. ¿Queréis pasar toda la noche atados en el gimnasio?

—Es para que aprendamos a jugar unidos —expliqué—, como un verdadero equipo. Ya lo dijo Pelé...

—Es una tarea que nos ha encargado la entrenadora del equipo —intervino Ximena—. Entiendo que parezca raro, pero es muy importante.

—Los demás padres ya han firmado —señalé.

—Pero toda la noche fuera..., no sé yo si eso será bueno para tu corazón —dijo mi padre preocupado.

—Mi corazón está mejor que nunca —aseguré.

—No lo veo claro, pero si vais a estar supervisados por un adulto... —dijo mi padre.

—Queríamos pedirle que fuera usted el que duerma en el gimnasio con nosotros —dijo Berta.

—¡¿Qué?! —exclamó mi padre.

—¡Síííííí! —dijo Rober—. ¡Vamos a dormir en el gimnasio con el Tito! ¡Vamos a dormir en el gimnasio con el Tito!

—¿No se queda la entrenadora con vosotros? —preguntó mi padre extrañado.

—El ejercicio consiste en que busquemos nosotros solos las soluciones —explicó Jiménez—. Claro que yo preferiría que nos lo diera todo hecho, la verdad.

—A mí me da miedo dormir en el gimnasio —dijo Pello.

—A mí un poco también —reconoció Huang.

—Hum —dijo Jon.

—¡Y a mí también me da miedo! —dijo Rober—. ¡Pero da igual, yo voy con el Tito! ¡Con el Tito! ¡Con el Tito!

Me di cuenta de que, si no dormía esa noche con Rober, rompería el trato que habíamos hecho.

Y podría contar lo que había visto.

La almohada, la serpiente...

Era muy capaz.

Y muy insistente.

Más valía que buscara la forma de cumplir mi promesa.

—A ver si lo he entendido —recapituló mi padre—. Tenéis que permanecer atados hasta la hora del partido. Sin soltaros en ningún momento. Vais a dormir en el gimnasio. Y... ¿queréis que yo pase la noche con vosotros?

—Un adulto tiene que acompañarnos —dijo Berta—. Si no lo conseguimos, la entrenadora no nos dejará jugar el partido, es muy cabezota. Y perderemos la liga.

—¿Y los demás padres? —preguntó mi padre.

—Están ocupados —aseguró la capitana—, no pueden.

—O no les da la gana —dijo Nando.

—Por favor, papá —añadí.

—Yo también estoy muy ocupado —dijo él excusándose, mirando a mi hermano—, estoy con la cena en el fuego y tengo que terminar unos diseños, y no sé a qué hora vendrá tu madre.

—¡Vamos a dormir en el gimnasio con el Tito! —insistió Rober—. ¡Yo voy, yo voy, yo voy, yo voy, yo voy!

—Claro, que se venga también —dijo Ximena—, será una aventura divertida.

—Sí, vamos todos —dije—, por favor.

—No sé, Rosalía también está en casa... —murmuró mi padre.

—¡Por mí podéis iros! —gritó mi hermana desde el piso de arriba nada más pronunciar su nombre—. ¡Ya soy mayor!

Estaba deseando quedarse sola.

—Vaaaaaaaleee —dijo mi padre.

Rober se lanzó a mis brazos.

—¡El Tito y yo vamos a dormir juntos siempre siempre siempre!

Como me temía, no se había olvidado de nuestro pacto.

Mi padre preparó una pequeña bolsa de deporte con comida y un termo caliente, cogió unos sacos de dormir, y se vino con nosotros al gimnasio.

El único que parecía entusiasmado era mi hermano pequeño.

—¡Vamos a dormir con el Tito, vamos a dormir con el Tito! —gritaba una y otra vez.

Botón Rojo nos abrió el gimnasio y le dio las llaves a mi padre.

—Yo me quedaría encantado —dijo—, pero el reúma no perdona.

Y se marchó.

El gimnasio estaba desierto.

Y hacía bastante frío.

Colocamos unas colchonetas y unas mantas junto a las espalderas.

Mi padre y mi hermano se tumbaron un poco más allá, muy cerca de los radiadores.

Era muy raro dormir en aquel sitio tan grande.

Con las cuerdas de nudos colgando del techo.

Y el potro y otros aparatos de gimnasia amontonados en una esquina.

Para ir al baño, hicimos una fila y, como había sugerido Febbe, mientras uno entraba, los demás nos quedábamos esperando fuera.

—Venga, los he visto más rápidos —dijo Jalila golpeando la puerta con los nudillos.

—Es que, si estáis todos ahí escuchando, no puedo hacer pis —protestó Pello desde el interior.

—No lo agobies, que es peor —pidió Berta.

—Si no lo agobio —aseguró Jalila—, es que lleva media hora ahí dentro, a este paso nos vamos a pasar toda la noche en el baño.

—Eso, un poco de brillo, Orejas —dijo Nando, y también llamó a la puerta con insistencia.

Mientras los demás discutían, Ximena y yo nos quedamos en un extremo de la cuerda, un poco apartados.

—¿Sigues pensando en irte con Los Hurones? —me preguntó.

—No, yo no... —respondí—. O sea, que no pienso nada.

—Te estábamos esperando —aseguró ella—. Por eso no habíamos fichado a nadie para el número 11.

—¿Cómo sabíais que iba a venir al pueblo? —pregunté.

—Porque tenemos poderes, ya lo sabes —respondió—. No es ningún juego, es una gran responsabilidad.

—Ya —dije acordándome de aquella famosa frase que había leído en varios cómics—. Todo poder conlleva una gran responsabilidad.

—Exactamente —dijo Ximena—. Es lo que mejor define a los superhéroes.

¡¿Superhéroes?!

Hasta entonces, no lo había pensado.

—¿Quieres decir que sois... superhéroes? —dije.

Ximena parpadeó muy lentamente.

Sus pestañas parecían moverse a cámara lenta.

Se volvieron invisibles.

Esa vez, supe que no se trataba de un efecto óptico.

Era real.

—Por supuesto —contestó—. Y tú también lo eres.

¡¿Yo?!

¡¿Un superhéroe?!

Una cosa es tener habilidades extrañas..., convertirme en objetos... y animales...

¡Y otra muy distinta es ser un verdadero superhéroe!

—Los superhéroes ayudan a la gente —repliqué—. Se enfrentan a los malos. Salvan el planeta...

—Eso es justo lo que hacemos —dijo ella.

—Yo solo soy un niño —aseguré asustado.

—Ya no —dijo Ximena.

En ese preciso instante, oímos un grito en el interior del cuarto de baño.

Un grito que nos taladró los oídos.

—¡Aaaaaaaaaaaaaaaaaaaaaah! ¡Socorrooooooooooooooo!

# 20

Huang intentó abrir la puerta del baño, pero tenía el cerrojo echado.

—¡Pello! —gritó—. ¿Estás bien?

—Aparta —ordenó Berta.

La capitana dio una patada a la puerta y esta cayó a plomo.

Todos nos asomamos.

Pello no estaba por ninguna parte.

O, mejor dicho, solo quedaba una parte de él.

Los dedos elásticos de su mano agarrados al extremo del ventanuco.

Se estiró más y más y más... hasta que desapareció.

Desde el exterior, nos llegó su voz de nuevo:

—¡¡¡Ayudadme!!!

Ruth se subió al lavabo y se asomó por el ventanuco.

—Creo que lo están secuestrando —anunció.

—¿Quién? —preguntó Berta—. ¿Los Hurones?

—No, no..., son... —dijo Ruth titubeando—, parece que... ¡lo está secuestrando el camión de la basura!

No pudo seguir hablando, ella también salió disparada por el ventanuco.

Y, detrás de Ruth, todos nosotros.

Arrastrados por la cuerda azul.

Si secuestraban a uno, secuestraban a todos.

Los once salimos volando por la pequeña ventana del baño.

—¡Aaaaaaaaaaaaaaaaah!

Efectivamente, Pello estaba en un camión municipal de recogida de basuras.

Dos operarios uniformados lo sujetaban y forcejeaban con él. Llevaban unos pasamontañas que les cubrían el rostro.

El camión se alejó por la calle, dejando el colegio atrás.

La cuerda se estiró y nos arrastró a todos.

—¡¿Es que no se rompe nunca la maldita cuerda?! —protestó Nando.

—Parece que no —dijo Huang rebotando por la calle—. ¡Ay! ¡Uf! ¡Ah!

Si hubiéramos sido niños normales, aquello habría sido nuestro fin.

Enganchados a un camión que circulaba a toda velocidad.

Arrastrados por la carretera como muñecos.

Pero Ximena tenía razón.

No éramos como el resto de los niños.

Éramos...

—¡Nos disparan! —exclamó Jalila.

La parte trasera del camión de la basura se abrió y allí en medio surgió...

¡¡¡Un cañón!!!

Uno de los basureros nos apuntó con aquella enorme arma.

¡Y disparó!

Un rayo rojo y azul salió por la boca del cañón.

¡PUUUUUUUUUUUUUUUUUUM!

Abrió un boquete en el asfalto.

No nos dio por muy poco.

—¡Ya está bien! —dijo Berta decidida.

La capitana despegó del suelo y a su alrededor apareció su armadura natural.

Al mismo tiempo, Jalila creó un escudo de fuego en el que rebotaron los disparos láser del cañón.

—¡Jon! —gritó Berta—. ¡Salta!

—¡Hum! —respondió Jon.

Sin mediar palabra, Jon pegó un tremendo salto, arrastrándonos a todos con él.

Y luego otro.

Y otro más.

Ya no avanzábamos a trompicones por el suelo de la carretera.

Íbamos dando saltos.

Al ritmo que marcaba Jon.

Desde el camión seguían disparándonos.

Ximena se concentró y, de inmediato, se volvió invisible.

Al estar conectada con nosotros por la cuerda..., ¡los demás también nos volvimos invisibles!

Los basureros, desconcertados, dejaron de disparar.

¡Habíamos desaparecido!

Ruth aprovechó la oportunidad y sacó sus afiladas garras.

¡Las lanzó contra el cañón!

No sé de qué material eran, pero atravesaron el cañón ¡y lo partieron en pedazos!

Como si de un bumerán se tratase, las garras regresaron a las manos de Ruth.

Ximena resopló y volvimos a ser visibles.

El camión seguía autopista adelante sin detenerse.

Los basureros, todos encapuchados, usaron a Pello como escudo y se colocaron detrás de él.

—¡Aguanta, Orejas, que ya vamos! —bramó Nando.

—¡No me llames así, te lo he dicho mil veces! —pidió Pello.

El camión tomó una curva muy pronunciada, derrapó y todos estuvimos a punto de salirnos de la carretera.

Jon seguía dando supersaltos y además...

¡Hizo algo increíble!

Quiero decir... ¡Algo aún más increíble!

A cada salto que daba, aparecía un nuevo Jon.

¡Se estaba clonando!

Otro Jon.

Y otro.

Y otro más.

Así hasta que surgieron más de veinte Jons.

Todos atados por la cuerda azul.

A base de saltos tremendos, los distintos Jons comenzaron a rodear el camión.

Los operarios contemplaban absortos lo que estaba ocurriendo.

Ya no arrastraban a diez niños.

Éramos más de treinta.

Las tornas habían cambiado: nosotros los perseguíamos a ellos.

Nando echó a correr, dejando una estela tras él.

Rebasó el camión en medio segundo.

Era rapidísimo.

Se encaramó a la puerta del conductor y la abrió en marcha.

El conductor se llevó tal susto que a punto estuvo de perder el control del volante.

El camión dio varios bandazos en zigzag.

—¡Venga, ya casi los tenemos! —dijo Berta.

La capitana voló hasta el extremo trasero del camión y le dio una patada a uno de los operarios, que salió disparado al arcén.

Al descubrirla, otros dos basureros la apuntaron con sendas pistolas...

¡Y le dispararon a bocajarro!

Ella intentó sacar su armadura.

Pero no le dio tiempo.

Una de las balas... ¡le impactó en el pecho!

Berta cayó de espaldas a la carretera.

¡Habían alcanzado a la capitana!

¡Y la herida parecía muy grave!

Todo aquello era una gigantesca equivocación.

Por mucho que tuvieran poderes, una niña estaba malherida.

Nunca deberíamos haber llegado a eso.

Mis compañeros estaban tan desolados como yo.

Incapaces de decir nada.

Berta temblaba en el suelo.

Desesperado, Jiménez se quitó el pañuelo, dejando al aire su reluciente calva.

Soltó el pañuelo y gritó:

—¡¡¡ATRÁS!!!

Una luz blanca nos envolvió.

Sentí que el tiempo se retorcía de una forma extraña.

Ahora era antes.

Antes era después.

No sé explicarlo.

Pero ocurrió.

De pronto...

Berta estaba otra vez sobre el camión.

De pie, en la misma posición que medio minuto antes.

¡Jiménez había rebobinado el tiempo!

¡¡¡Habíamos vuelto unos segundos atrás!!!

Todo estaba ocurriendo de nuevo.

Berta le dio una patada al operario, que cayó al arcén, igual que antes.

Los dos basureros apuntaron a Berta con sus pistolas.

Pero esa vez ya estaba preparada.

Antes de que disparasen, ella sacó su armadura... y las balas rebotaron.

A pesar de todo, Berta cayó al asfalto por los impactos.

Desde el suelo, le hizo un gesto con el pulgar a Jiménez y se incorporó.

Estaba bien.

—¡Bravo! —exclamó Jalila.

Miró a los atónitos basureros y les lanzó un círculo de fuego que los mandó fuera del camión, contra unos árboles.

Jiménez se había quedado aturdido por el esfuerzo.

Berta estaba magullada del porrazo que se había metido.

Seguíamos arrastrados por la cuerda elástica azul, que se estiraba y se estiraba, pero nunca se rompía.

No había tiempo para recuperarse: la persecución continuó a casi doscientos kilómetros por hora.

Todos los Jons dieron un salto gigantesco a la vez.

Y cayeron sobre el camión al mismo tiempo.

Los operarios que sujetaban a Pello retrocedieron.

En la parte delantera, el conductor forcejeaba con Nando.

Ruth volvió a lanzar sus garras metálicas.

Se clavaron en las ruedas del camión.

¡PAM!

¡PAM!

¡PAM!

¡PAM!

Y...

¡REQUETEPAM!

Las seis ruedas reventaron.

El camión se deslizó sobre la calzada sin ruedas, chirriando. A punto estuvo de estrellarse y volcar con nosotros enganchados...

Entonces Milton pegó un grito descomunal:

—¡Ya está bieeeeeeeeeeeeeeeeen!

Agarró el camión de la parte trasera con ambas manos.

Y el vehículo se detuvo en seco.

Clavado.

Salimos disparados por el frenazo y rebotamos sobre el propio camión.

Milton era una auténtica fuerza de la naturaleza.

—Bien hecho —le dijo Berta.

Media docena de basureros agarraron a Pello.

Con su tremenda elasticidad, el portero estiró muchísimo sus piernas y brazos, intentando zafarse.

Pero lo sujetaban por el cuello, apretando y retorciéndolo.

No podía escapar.

Los clones de Jon volvieron a unirse en un solo cuerpo.

Los diez rodeamos a los basureros que sujetaban a Pello.

—¡Rendíos! —exclamó Ximena.

De pronto, un ruido ensordecedor llegó del cielo.

Un enorme helicóptero militar apareció sobre nuestras cabezas.

Emitió una luz cegadora.

Y soltó una larguísima cadena que cayó hasta el camión.

Los basureros engancharon a Pello a la cadena y, desde arriba, tiraron de él antes de que pudiéramos reaccionar.

Al mismo tiempo, un grupo de encapuchados nos disparaban desde el helicóptero.

Nos pusimos a cubierto debajo del camión.

Entre una nube de balas, subieron a Pello encadenado hasta el helicóptero.

Uno de los encapuchados sacó un pequeño soplete del helicóptero, lanzó una llamarada y...

¡La cuerda se cortó justo por debajo de Pello!

Después de todo, no era irrompible.

Ya no estábamos unidos a él. Nosotros diez quedamos en tierra. Y el helicóptero se alejó con Pello en su interior.

—No puedo volver a rebobinar hasta que me recupere —se excusó Jiménez.

Tenía la piel cuarteada.

Supongo que eso de hacer retroceder el tiempo deja machacado a cualquiera.

—Yo estoy herida —se lamentó Berta—, no puedo volar.

El helicóptero estaba ya fuera de nuestro alcance, surcando las nubes.

Al final, habían secuestrado a Pello.

Todos mis compañeros habían usado sus superpoderes y, aun así, no pudieron evitar que se lo llevaran.

—Todos no —dijo Huang leyéndome el pensamiento—. ¡Falto yo!

Huang Xii se lleva las manos a la sien. Cierra los ojos. Siento un temblor a nuestro alrededor.
Y... ¡Los diez aparecemos dentro del helicóptero!
¡¡¡Nos has teletransportado!!!
El nombre técnico es teletransportación cuántica, aún lo estoy perfeccionando...
Uno de los encapuchados golpea a Huang por la espalda.
¡Saltad o disparo!

Milton se pone en medio, agarra el rifle con una mano.
Coge de la solapa uno por uno a los encapuchados...
¡Y los tira del helicóptero! Incluso al piloto y al copiloto.

¡Acabar con los malos! ¡¿Algún problema?!
¿Qué has hecho?
Cuando se transforma, no se puede razonar con él.
¡¡¡¿Te encuentras bien?!!!
Sí, creo que sí, gracias.
¡Nos vamos a estrellar!
¡Y no hay piloto!
El helicóptero cae en picado.

Es tu turno.
Si puedes hacer algo, es el momento.
AAAAAAAAA
TIC TAC
Todos mis compañeros me miran.
TAC TIC
TIC TAC
AC
Mi corazón está a punto de explotar.
Nos vamos a estrellar y vamos a morir y...
TIC
TAC
TIC
TAC
TIC
TAC
Siento una sacudida de energía por todo mi cuerpo.
¡Y me convierto en un helicóptero!

# 21

Todo mi cuerpo se había transformado en un helicóptero.

Exactamente igual que el otro.

Mis compañeros estaban a bordo, sanos y salvos.

Nunca en mi vida he pilotado un helicóptero ni un avión ni nada parecido.

Pero de pronto yo era uno.

Podía moverme como quisiera.

Hacia arriba.

Hacia abajo.

Hacia todas partes.

No solo me había convertido físicamente en un helicóptero, sino que también había adquirido todas sus cualidades.

—¡Molaaaaaaaaaaaaa! —gritó Ruth entusiasmada.

El otro helicóptero se precipitó hacia el suelo.

Al estrellarse, explotó y se formó una columna de humo.

Nos habíamos salvado por muy poco.

—Oye, Rana —dijo Jalila—, ¿cuánto tiempo puedes ser un helicóptero?

Buena pregunta.

No tenía ni idea.

Tal vez unos pocos segundos.

Me aproximé a un prado que se extendía a orillas del río.

Tenía que aterrizar cuanto antes.

Un golpe de viento hizo que me moviera muy bruscamente.

Mis compañeros cayeron de culo.

—Más suave, por favor —pidió Pello.

No había sido mi culpa.

Era una turbulencia.

Pero no podía explicarlo.

Seguía siendo Ramón, pensando como Ramón, sintiendo como Ramón. Pero había adquirido absolutamente todas las propiedades del helicóptero.

El color, la fuerza, la capacidad de volar.

Era genial.

Sin embargo, también perdía algunas cosas.

Por ejemplo, la posibilidad de comunicarme.

Como es sabido, los helicópteros no pueden hablar.

Noté que, muy lentamente, comenzaba a desvanecerme.

O sea, que volvía a ser otra vez un niño de once años.

Bajé a tierra lo más rápido que pude.

Mis manos, mis pies, mi cabeza..., todo mi cuerpo empezaba a recuperar su forma original.

¡Tenía que aterrizar ya mismo!

Un poco más y lo conseguiría.

A pocos metros del suelo...

¡¡¡Volví a convertirme en un niño!!!

¡BRUUUUUUM!

El aterrizaje fue tremendo.

—¡Me he comido el césped!

—aseguró Pello.

—¡Yo creo que me lo he roto todo! —bramó Jiménez.

Mis compañeros acabaron amontonados encima de mí.

Pero nadie había resultado herido.

—No ha estado mal, novato —admitió Nando.

Ximena me miró orgullosa y una vez más...

Pestañeó varias veces seguidas.

No sé si lo hacía aposta o le salía sin darse cuenta.

Pero cada vez me gustaban más esos parpadeos semiinvisibles.

Huang abrió los ojos; se estaba recuperando.

—¿Dónde estamos? —preguntó—. ¿Qué ha pasado?

—Tu amiguito Rana se ha convertido en un helicóptero —dijo Ruth—, parece que el nuevo es un saco de sorpresas.

Huang se ajustó las gafas y sonrió.

Los once estábamos en mitad del prado.

Un poco más allá, junto al río, aún humeaban los restos del otro helicóptero.

Los encapuchados seguían cayendo en sus paracaídas, apenas iluminados por la luz de la luna.

—Viene la policía —avisó Ximena—, y también bomberos y ambulancias.

No veía ni oía nada; supongo que era una de sus premoniciones.

—Será mejor que nos vayamos —dijo Berta—. Si alguien pregunta, no sabemos nada de esto.

Pello cogió su extremo de la cuerda azul. Estaba roto.

—Soy el único que se ha desatado —dijo desolado—. ¿Qué hago?

Milton, el mismo que un rato antes se había convertido en una bestia, cogió con gran delicadeza un extremo de la cuerda de Pello y la anudó a la del grupo.

—Ya estás unido a nosotros otra vez —le dijo.

Jalila pasó la mano por el nudo y de inmediato desapareció, como si nunca se hubiera soltado.

Pello, emocionado, extendió sus interminables brazos de goma y nos abrazó a todos a la vez.

—Muchas gracias por salvarme y por todo —dijo—. Os quiero mucho.

—Vale, vale —dijo Nando—, pero dejémonos de ñoñerías.

Entonces sí, se oyeron las sirenas de la policía y de los bomberos acercándose.

Inmediatamente, nos alejamos del río.

Volvimos caminando a buen ritmo hasta el colegio.

Aún estaba asimilando lo que había ocurrido.

—Entonces —dije—, vuestros superpoderes... ¿a veces se agotan?

—Cada caso es diferente —respondió la capitana—. Yo, por ejemplo, después de un gran esfuerzo o de recibir un golpe muy fuerte... o un balazo, aunque luego Jiménez lo haya rebobinado, me quedo sin poderes un buen rato. Necesito recuperarme.

—Cada vez que retrocedo el tiempo —explicó Jiménez—, me quedo sin energía, como si hubieran absorbido una parte de mí. No puedo volver a hacerlo hasta que pasa un día o dos. Y siempre con mucho cuidado.

—A mí la superfuerza me va y me viene —dijo Milton—, no sé muy bien de qué depende.

—Cuando te enfadas te vuelves muuuuuuy fuerte —aseguró Ruth.

—O cuando te emocionas —dijo Jalila—, o cuando ves una injusticia o cuando...

—No siempre —dijo Milton cortándola—. A veces me sale de repente. Simplemente ocurre.

—A mí igual —admitió Huang—, la teletransportación cuántica hace que mis neuronas se vacíen y pierdo la noción completa de la realidad unos minutos o unas horas, depende del caso.

—Pues yo soy superveloz a todas horas —intervino Nando—, sin excepción, y jamás me agoto.

—Como mis garras —dijo Ruth—, siempre están a punto.

—No hay un patrón predefinido —aclaró Huang—, aún estamos intentando encontrar los límites y el verdadero origen de estas habilidades.

—Yo no estoy intentando encontrar nada —replicó Nando—. Soy el más rápido del mundo. Y puede que de la galaxia. Punto.

Llegamos a la parte trasera del colegio.

Frente al ventanuco por el que habíamos salido todos.

—¿Y si mi padre pregunta por qué hemos tardado tanto? —dije.

—Le decimos que, para ir al baño de uno en uno, se tarda mucho —dijo Berta.

Pello se encaramó al muro para regresar al gimnasio por el mismo sitio.

—Perdonad que pregunte tantas cosas —dije—, pero hay algo que no entiendo: ¿quiénes eran esos encapuchados?, ¿y por qué querían secuestrar a Pello?

Se miraron entre ellos.

—No querían secuestrar a Pello —contestó Ximena—. Les daba igual cualquiera de nosotros. Fueron a por él porque es el que estaba solo en el baño.

—Y también porque siempre buscan al más débil —añadió Nando.

—Yo no soy el más débil, no digas tonterías —protestó Pello—. Vale que siempre tengo miedo y que soy un poco asustadizo, pero eso no tiene nada que ver.

—¿Quiénes eran? —insistí.

Berta me observó con cierta desconfianza.

En ese momento, recordé la figura que me pareció ver desde la ventana de mi casa.

Espiándome.

Con un pasamontañas.

—Son los trepanadores —dijo la capitana.

—¿Los *trepadores*? —pregunté sin comprender.

—Trepanadores —me corrigió Jalila.

—Son muy peligrosos —apuntó Jiménez.

—Se dedican a secuestrar niños con habilidades especiales para estudiarlos a fondo —explicó Ximena—. Quieren robarnos los superpoderes.

—Contadle toda la verdad al nuevo —intervino Nando—. Analizan a fondo el cerebro de los niños con poderes. Por eso los llaman *trepanadores*.

—Hum —aseguró Jon.

Me puse blanco al oír aquello.

Tuve que apoyarme en el muro para no caerme, sentí un gran mareo.

—Pero... pero... —dije, sin ser capaz de articular dos palabras seguidas.

—Aparecen de repente y ¡zas! —dijo Milton—. Con nosotros ya lo han intentado más de una vez.

—Y con Los Hurones por lo visto también —aseguró Berta—, para eso no hacen distinciones.

Con solo imaginar a esos encapuchados trepanando el cerebro a Pello o a cualquiera de nosotros..., sentí náuseas.

—Menos mal que hasta ahora no lo han logrado.

Todos evitaron mi mirada.

—¿Qué pasa? —dije.

—Una vez sí lo consiguieron —explicó Ximena—. Hace tres meses.

—Era un niño que jugaba con nosotros y llevaba el número once —añadió Berta muy seria—. No pudimos evitarlo.

—¡Me lo podíais haber dicho antes! —exclamé—. Si llego a saber que unos psicópatas peligrosos habían secuestrado a mi antecesor en el puesto, a lo mejor no me habría apuntado al equipo.

—Eres un elegido —dijo Ximena intentando tranquilizarme—. Si te lo hubiéramos dicho antes, no habría servido de nada.

—Puedes contar con nosotros —dijo Huang—. Siempre nos ayudamos.

No me gustaba que me ocultaran cosas.

Y menos algo tan importante.

—No te enfades, Rana —dijo Pello—, aquí estás con amigos. Nos protegemos los unos a los otros, ya lo has visto.

Acto seguido, se introdujo por el ventanuco y desapareció de nuestra vista.

Uno a uno, fuimos entrando todos.

Y regresamos al interior del gimnasio.

Mi padre y mi hermano dormían a pierna suelta.

Al tumbarnos en las colchonetas, hicimos ruido y mi padre entreabrió los ojos.

—¿Venís del baño? —preguntó entre sueños.

—Sí, papá —respondí—, es que Pello tiene la vejiga tímida y le cuesta hacer pis.

Un segundo después, mi padre estaba roncando.

No se había enterado de nada.

Ni del secuestro.

Ni de nuestra aventura con los trepanadores.

Ni de que su hijo se había transformado... en un helicóptero.

Para él, solo habíamos ido al baño y habíamos vuelto.

Eso era todo.

Me tapé con una manta y me recosté en mi colchoneta.

Había sido un día muy largo.

No entendía nada de lo que estaba ocurriendo.

Pero una cosa sí que tuve clara en aquel momento:

Estaba unido a mis compañeros del Estrella Polar.

Y no solo me refería a la cuerda azul.

# 22

El cielo amaneció cubierto de nubes negras.

—Se avecina tormenta —dijo Ximena mirando por la ventana del gimnasio.

—¿Es una premonición? —pregunté.

—No —respondió ella mostrándome su móvil—. Es... eltiempoencuenca.net.

Aquel sábado era el gran día.

A las 11 de la mañana, el partido decisivo.

Y, después, la inauguración de la nueva central nuclear. El acto incluía discursos, fotos, presentaciones y también la entrega del trofeo al ganador de la Liga Escolar.

Los dos equipos acudirían. El alcalde iba a entregar el trofeo delante del reactor nuclear, como había anunciado aquella semana.

—Tu padre tiene mucho morro —dijo Jalila mirando de reojo a Nando—, quiere utilizarnos como imagen de la central.

—A mí me da un poco de cosa —suspiró Pello—, ¿y si hay otro accidente?

—Las centrales nucleares son superseguras —contestó Nando—. Los accidentes no llegan ni al 0,5 % de los casos. Hay muchos más accidentes de aviones o de coche, y no por eso los prohíben. Además, dan trabajo a muchísima gente, y proporcionan energía de alta calidad a los ciudadanos.

—Pareces un anuncio de publicidad —dijo Ruth.

—Las centrales son *supercools* y superecológicas —dijo Huang imitándolo—. Pon una central nuclear en el jardín de tu casa y molarás mazo.

Todos nos reímos, incluso Jon.

—Muy graciosos —murmuró Nando—. Pero luego bien que vuestros padres piden trabajo al mío.

—¿Todos trabajan para la central nuclear? —pregunté sorprendido.

—Los míos no —dijo Huang—. Tienen Almacenes Huang, «de todo al mejor precio».

—Mis padres llevan el comedor de la central —dijo Ximena—, pero también tienen su propio restaurante.

—Directa o indirectamente, todos trabajan para la central nuclear —insistió Nando—. Incluso los padres del chino: los almacenes funcionan gracias al desarrollo del comercio en la zona. Y tu mamaíta también, Ranaman, la han trasladado al pueblo para que cuide la seguridad de la central.

—¿Adónde quieres ir a parar? —preguntó Berta.

—A ningún sitio —dijo Nando—. Solo que es muy fácil criticar y reírse, pero hay que pensar antes.

—No me gusta que me llames *chino* —dijo Huang.

—Pues te aguantas —replicó Nando, y salió del gimnasio.

Fuimos detrás de él.

Qué remedio. Seguíamos atados por la cuerda azul.

—A veces parece un chulito engreído —murmuró Ximena—, pero cuando lo conoces bien te das cuenta de que en realidad...

—En realidad —la interrumpió Huang—, es un superchulito engreído.

No sé si lo oyó, pero Nando hizo como que no se había enterado.

En el patio, varios padres y madres habían colocado unas mesas portátiles y prepararon un gran desayuno.

—El equipo que desayuna unido —dijo mi padre— permanece unido.

Había cereales, leche, zumos, fruta y tostadas.

—¿Nadie ha traído chocolate? —preguntó Jiménez como si fuera una catástrofe.

—¡Yo quiero atarme a la cuerda con el Tito! —exclamó mi hermano—. ¡Yo quiero atarme a la cuerda con el Tito!

—Luego, Rober —dije—, después del partido.

Por enésima vez, se echó a llorar desconsolado.

—¡Quiero atarme con el Tito! ¡Buuuaaaaaaaaaaaaaaaaaaa, buuuaaaaaaaaaaaaaaaaaaaa!

Mi padre estaba ocupado preparando sus famosas tortitas de avena y no le prestó demasiada atención.

—Ramón, mira a ver qué le pasa a tu hermano pequeño —dijo, y siguió reuniendo todos los ingredientes.

Solo había una cosa que le gustara más que cocinar...

¡Cocinar para un montón de gente!

Todo el mundo lo felicitó por las tortitas.

—Están buenísimas.

—Además, muy saludables.

—Y nutritivas.

Estaba encantado.

Me agaché y le dije a mi hermano:

—Te prometo que después del partido nos ataremos con una cuerda.

—¿Dormiremos juntos y atados? —preguntó.

Lo pensé un segundo y dije:

—Pues claro.

—¡Viva! —exclamó él, que podía pasar del llanto a la alegría extrema en medio segundo—. ¡El Tito y yo vamos a dormir juntos y atados! ¡Juntos y atados!

Cuando llegó Febbe al colegio, estábamos todos en el campo de fútbol.

Mostraba una enorme sonrisa; estaba claro que le gustaba ver que seguíamos atados.

—¿Habéis dormido bien? —preguntó.

—Fenomenal —dijo Berta.

Todos pusimos buena cara e hicimos como si no hubiera pasado nada.

Comenzamos a calentar sin desatarnos.

Mientras hacíamos carrera ligera, me acerqué a Ximena.

—La otra noche —dije—, vi a un encapuchado espiándome delante de mi casa.

—¿Por qué no lo habías dicho? —preguntó ella.

—¿Un encapuchado? —preguntó Huang.

—¿Dónde? —dijo Jiménez.

Todos se fueron metiendo en la conversación.

Con la cuerda, era imposible tener un poco de intimidad.

—¿Era un trepanador? —preguntó Pello.

—Los trepanadores nunca van solos —dijo Ruth.

—Tal vez había un grupo completo merodeando y no los vio a todos —añadió Milton.

—Pero ¿dónde fue? —insistió Jiménez—. ¿Y cuándo?

—La noche antes de mi cumpleaños —respondí—. Escondido detrás del árbol que hay frente a la valla de mi casa.

—No era un trepanador —explicó Pello—. Esos van siempre en grupo, y no los ves venir hasta que los tienes encima.

—Es lo que acabo de decir —dijo Ruth.

—También podía tratarse de otra persona —sugirió Berta.

—¿Quién va a querer espiarme a mí? —dije.

—Todo el mundo —aseguró Ximena—: Los Hurones para empezar, y nosotros mismos también te estuvimos espiando, como ya sabes. Y, por supuesto, los trepanadores no están descartados.

Me había convertido en el centro de atención de demasiada gente.

Nunca imaginé que cumplir once años iba a ser tan complicado.

Se armó un pequeño revuelo en la puerta del colegio.

Un minibús de color rojo entró en el patio.

A través de la ventanilla, vi a Umberto en el interior.

Me miró fijamente.

Su ojo metálico de color rojo parecía moverse, como si estuviera grabando lo que ocurría.

En los otros asientos, se adivinaban las figuras del resto de Los Hurones, en silencio.

Al ver que observábamos a los recién llegados con una mezcla de tensión y rabia, la entrenadora nos hizo un gesto.

—Vamos, al vestuario —ordenó—. Ya habrá tiempo para arreglar cuentas en el partido. Pero sin perder nunca la deportividad, eh.

Seguimos a Febbe al interior del vestuario.

Una vez dentro, nos cambiamos.

En esos momentos, el uniforme del Estrella Polar me pareció el mejor del mundo.

Sentí la estrella muy, pero que muy cerca de mi corazón.

Tic-tac, tic-tac.

Me iba a costar mucho no utilizar los poderes.

Era mi primer partido desde hacía muchísimo tiempo.

El primero con mis nuevos compañeros.

Un partido importantísimo.

Y, por si fuera poco, todos los jugadores que íbamos a estar en el campo... teníamos superpoderes.

¿Cómo iba a estar tranquilo?

Tic-tac, tic-tac, tic-tac.

Cerré los ojos e intenté no pensar en nada.

Era solo un partido de fútbol.

Tenía que relajarme.

—Alguien quiere hablar con vosotros —anunció la entrenadora.

Abrí los ojos y, en la puerta del vestuario, apareció mi madre. Acompañada de un agente de policía.

—Antes de que salgáis al campo, tengo que deciros dos cosas importantes —dijo.

—Primero la mala y luego la buena, por favor —pidió Pello.

Mi madre se quedó desconcertada.

—Me temo que las dos son malas —avisó.

Entonces sí que captó toda nuestra atención.

—La primera —continuó mi madre— es que han aparecido más serpientes venenosas. Ya van diez. La situación se nos ha ido de las manos. Si seguimos así, habrá que confinar la comarca y todo el mundo tendrá que permanecer encerrado en casa hasta que se resuelva el asunto.

Un murmullo recorrió el vestuario.

—¿Y la segunda? —preguntó Pello.

—La segunda es que, durante el partido de hoy..., va a aparecer la serpiente número once —dijo mi madre.

—¿Es intuición? —preguntó Berta.

—No exactamente —contestó mi madre sacando un pequeño iPad—. Hemos recibido un nuevo mensaje del Profeta. Ha aparecido en las webs de los ayuntamientos de Nakatomi y de París, del juzgado, de los dos colegios, de la Liga Escolar, de la central nuclear y de la comisaría.

Nos miró muy seria y leyó en voz alta:

—«Cerrad la central nuclear. En caso contrario, hoy, durante el partido entre el Estrella Polar y Los Hurones, surgirá la *Oxyuranus*. Y morirán todos los niños de once años de la comarca. Firmado: el Profeta.»

En la pantalla, debajo del mensaje, el símbolo que recordaba a una serpiente.

—¿Qué es una *Oxyuranus*? —preguntó Nando.

—Es el verdadero nombre de las taipanes —dijo Huang.

—Hemos informado ya al colegio Versalles —explicó mi madre—. Y la policía se ha desplegado por el colegio y alrededores. Hemos pedido refuerzos a Cuenca capital.

—¿No se va a suspender el partido? —preguntó Berta.

—No vamos a ceder al chantaje de unos terroristas —aseguró mi madre—. El partido y la inauguración de la central siguen adelante, según lo previsto. Además, la policía ha repartido entre los mayores de edad jeringuillas para que puedan usarlas en caso de que aparezca la *Oxyuranus*.

—Pero las serpientes son reales —dijo Pello—, y son muy venenosas... Yo me voy a casa a esconderme, perdón.

—Aquí nadie se va —intervino Febbe—. Juntos afrontaremos lo que sea.

—Ah, vale, pues entonces me quedo —dijo Pello.

—Teníais derecho a saberlo —dijo mi madre—. Pero no os preocupéis, el despliegue policial ya está funcionando. Centraos en el partido y olvidad el resto. ¡Y que gane el mejor!

Salió acompañada del policía y de la entrenadora.

—¿Debemos adoptar alguna medida de seguridad extra? —preguntó Febbe mientras se alejaban por el pasillo.

—La policía se encarga —respondió mi madre—. El protocolo es impecable, todo está planificado al detalle.

—Así es —aseguró el agente.

Nos quedamos solos en el vestuario.

—Solo la palabra ya da miedo —murmuró Jiménez—: *Oxyuranus*.

Milton parecía estar echando cuentas mentalmente.

—La *Oxyuranus* será la serpiente número once —dijo Milton.

—Eso no es todo —intervino Ruth—: el mensaje amenaza a los niños de once años.

—Y el partido se juega a las once en punto —añadió Huang mirando el reloj.

—¡¿Se puede saber qué pasa con el número once?! —exclamé.

# 23

Al número 11 se lo denomina *número maestro*.

Tiene una serie de propiedades que lo hacen completamente único y singular.

El 11 se escribe con dos 1.

Tiene duplicidad de rasgos y de personalidad.

Si lo reducimos como se suele hacer en la numerología, obtenemos el 2 (1 + 1).

De esta duplicidad se consigue la energía masculina de Zeus, con el número 1, y la energía femenina de Hera, con el número 2.

La combinación de ambos supera a todos los demás números y combinaciones.

El 11 es el número absoluto.

El decisivo.

Simboliza el idealismo, la energía, la determinación, la fuerza, la intuición y el poder.

La unión de dos fuerzas tan grandes y opuestas en un mismo número provoca una explosión constante de una intensidad desconocida.

El 11 está asociado a los dioses o a seres humanos elegidos para liderar al resto, aunque les pese.

En definitiva, el 11 se encuentra en un nivel superior al de cualquier otro número.

Miré a mis compañeros.

Todo eso del 11...

Era muy interesante, vale.

Pero seguía sin entender absolutamente nada.

—No lo comprendo —dije—. ¿Nuestros poderes empiezan a los once años porque... es un número mágico?

—Puede —contestó Ruth—. Suponiendo que creas en la magia.

¿Es que nadie podía darme una respuesta concreta?

Siempre hablaban en tono misterioso y enigmático.

—Yo nunca he creído en la magia —dije—, ni en los superhéroes, ni en nada de eso. Pero ahora ya no sé qué pensar.

—No intentes comprenderlo todo —me aconsejó Ximena.

—Las cosas deben tener un sentido —insistí.

—Incluso en las matemáticas y la ciencia —rebatió Huang—, hay agujeros negros, ecuaciones sin resolver.

—Hay millones de cosas que no tienen lógica —añadió Berta—. Por ejemplo, ¿qué sentido tienen las enfermedades?, ¿o la música?, ¿o...?

—O poder convertirte en todo aquello que tocas —me recordó Jalila.

Parecía que lo habían hablado muchas veces entre ellos.

—¿De verdad estáis tranquilos sin entender lo que ocurre? —pregunté.

—No, tranquilo no estoy —dijo Pello—, a mí todo me da miedo en general.

—Yo jamás estoy tranquilo —aseguró Jiménez.

—No se trata de estar tranquilo —intervino Ximena—. Se trata de que las cosas suceden, queramos o no. Tenemos poderes. Es un hecho. Y parece que, de algún modo, están relacionados con el número 11.

—Y ahora, el Profeta, sea quien sea —dijo Berta—, amenaza justamente a los niños de once años.

Aquello era cada vez más raro.

Resulta que todo estaba relacionado con el número 11.

11 jugadores. 11 serpientes. 11 de la mañana. 11 años.

¡Y encima yo llevaba el 11 en la camiseta!

Era demasiado.

Una cosa era no comprenderlo todo.

Pero es que yo no entendía absolutamente nada.

—Puedes seguir quejándote y protestando —me dijo Berta—, o puedes utilizar todo esto para algo bueno.

—Ranaman va por libre —dijo Nando—, no le caemos bien al novato.

—¿Hasta cuándo voy a seguir siendo el novato? —le pregunté.

—Hasta que yo lo diga —respondió Nando, encarándose conmigo—. ¿Algún problema?

Nos miramos desafiantes.

Nando era muy rápido.

Rapidísimo.

Pero ya no le tenía miedo.

—Si os vais a pelear, avisad —dijo Jalila—, y lo grabo con el móvil.

En realidad, era absurdo que nos peleásemos.

Simplemente era un poco chulito.

Y tal vez estuviese celoso: desde que yo había llegado al pueblo, quizá Ximena no le hiciera tanto caso.

Nada más.

Aflojé y le dije:

—Disculpa si he dicho algo que te haya molestado.

Me sentí mejor.

Quizá él también se disculpara.

Y todo solucionado.

Pero, en lugar de eso, me dio un pequeño empujón.

—Normal que te acobardes, Ranaman, haces bien —dijo—. Venga, te perdono.

Era incapaz de dar su brazo a torcer.

Ximena me dirigió una mirada pidiéndome que lo olvidara, no merecía la pena.

—¡Cinco minutos para empezar! —exclamó Febbe, que regresó al vestuario eufórica.

Entró con unas enormes tijeras en la mano.

Se acercó a nosotros y por fin cortó la cuerda azul.

Uno por uno.

—Habéis conseguido algo increíble —dijo—. Por primera vez, el Estrella Polar puede ganar el título de liga. Todos en el pueblo están muy orgullosos de vosotros. Yo también.

Había llegado la hora.

De jugar al fútbol.

Lo que más me gusta en el mundo.

Más que ganar un torneo *online* al Firecraktz.

Más que tirarme por la tirolina más alta del planeta.

Más incluso que ver un partido en directo con los mejores jugadores del mundo.

No hay ninguna sensación mejor que jugar con tus amigos y marcar un gol.

Al menos, yo no conozco ninguna.

La entrenadora parecía emocionada.

—Están ahí fuera todos —dijo—. Vuestros padres, familiares, amigos, conocidos... Salid y demostradles quiénes sois.

Según íbamos saliendo del vestuario, Febbe nos chocaba la mano.

¡PLAS!

¡PLAS!

¡PLAS!

Y así hasta once.

Yo fui el último en salir.

—¿Qué estrategia vamos a usar? —le pregunté nervioso.

—No te preocupes —respondió ella sonriendo—. En cuanto empiece el partido, os avisaré. ¡Disfruta!

Al avanzar por el túnel, cada vez se oía más al público.

El griterío que venía de fuera era ensordecedor.

Parecía que nos aguardaba una multitud enfervorizada.

De acuerdo: solo se trataba de un partido infantil.

Pero, sin lugar a dudas, era el partido más importante que había jugado en toda mi vida.

Al final del túnel, se distinguían las luces azules y rojas de algunos coches patrulla.

En las gradas, también había varios agentes de uniforme con un perro a su lado, un enorme pastor alemán que parecía muy atento a todo lo que ocurría.

El despliegue policial era mucho mayor que en cualquier otro partido de la LESECU.

De nuevo, sentí que el corazón se me aceleraba.

Tic-tac, tic-tac.

Los Hurones también estaban saliendo por aquel túnel, nos cruzamos con ellos.

—Solo somos unos pobres niños indefensos —dijo Archi con tono guasón.

—¿Vais a jugar contra unos tullidos? —preguntó Culebra, mostrando sus dientes metálicos.

—No me metáis muchos goles, por caridad —pidió el Manco, imitando a un mendigo con su brazo metálico.

Tic-tac, tic-tac, tic-tac.

Nos estaban provocando.

Supongo que buscaban gresca desde el primer momento.

Eran unos matones de tres al cuarto.

Sin embargo, no podía quitarme de la cabeza las palabras que me había dicho Umberto en mi cumpleaños:

«Eres uno de los nuestros.»

«Tú también tienes un implante metálico en tu cuerpo.»

Tic-tac, tic-tac, tic-tac, tic-tac.

Tuve ganas de poner las manos sobre la pared: podría convertirme en un muro fuerte, indestructible.

O de tocar el viejo dispensador de agua: podría pasar desapercibido, nadie se fijaría en mí.

O, si agarraba con fuerza el perro al final del túnel, podría dar cuatro ladridos y salir corriendo de allí...

En ese momento, prefería ser cualquier cosa.

Menos yo mismo.

No quería estar allí.

No quería enfrentarme a Los Hurones.

No quería que a nadie le mordiera una taipán.

No quería poderes.

Ni responsabilidad.

Ni nada.

Empecé a marearme.

La temperatura de mi cuerpo se estaba disparando.

Alguien me agarró de la mano.

Era una mano suave.

Helada.

El frío empezó a recorrer todo mi cuerpo.

El mareo y las pulsaciones disminuyeron.

Sentí un alivio casi instantáneo.

Levanté la cabeza, pensando que se trataba de Ximena.

Pero no.

Era Jalila, sujetándome la mano con firmeza.

—Fuego y hielo —dijo sonriendo.

—Gracias —respondí.

Había visto a Jalila lanzando sus círculos de fuego.

Y, por si fuera poco, también controlaba el frío.

La lateral derecha era capaz de muchas cosas, al parecer.

Cuando comprobó que me sentía mejor, Jalila me soltó la mano.

Y entonces sí.

Saltamos al terreno de juego.

# 24

Las gradas del campo estaban repletas.

Nada más vernos, mi padre y los otros padres y madres del Estrella Polar se pusieron en pie y gritaron:

¡Estrella Polar,
vamos a ganar!
¡Estrella Polar,
vamos a volar!

Evidentemente, era una forma de hablar.

No se referían a que fuéramos a volar literalmente.

Aunque nunca se sabía.

Los seguidores de Los Hurones replicaron a pleno pulmón:

¡Aquí estamos Los Hurones,
nadie tiene más neutrones!
¡Aquí estamos Los Hurones,
levantad los corazones!

Habían hecho una pintada en su parte de la grada:

«HURONES FOREVER».

Con los dos ojos.

Parecía que iban a por todas.

La árbitra, una chica muy joven con una cinta en el pelo, intentaba hacerse oír entre los gritos de unos y otros.

—A la primera protesta, tarjeta, quedáis advertidos —dijo—. Quiero juego limpio, es un partido de fútbol, no una batalla.

Todos asentimos.

Y nos preparamos para empezar.

Distribuidos por el terreno de juego.

En el palco principal estaba Ismael Rata.

Sonriendo, como siempre.

Saludando a los vecinos.

Haciéndose selfies con los seguidores de ambos equipos.

Pretendía ser alcalde de los dos pueblos, así que debía quedar bien con todos.

Allí estaba también el Frases.

Y mi madre. Supongo que, como jueza, le tocaba aguantar al alcalde y a las autoridades en ese tipo de eventos.

También había más gente en el palco que no tengo ni idea de quién era.

En la parte superior de la grada, reconocí a Rosalía.

Para que mi hermana fuera a un partido de fútbol, tenía que ser algo trascendental.

A su lado, estaban las tres chicas de las cazadoras, de las que no parecía librarse en ningún momento.

Rosalía tenía la cara de circunstancias y de resignación que últimamente la acompañaba a todas partes.

Debía centrarme en el partido y olvidar todo lo demás.

Pasara lo que pasase en aquel campo de fútbol en los próximos minutos, sabía que no lo olvidaría nunca.

Las numerosas palomas que había en lo alto del campo se agitaron de pronto.

Habían visto algo raro.

Bajé la vista al césped.

Algo se arrastraba entre la hierba.

Exacto.

Era...

—¡Cuidado! —exclamé alarmado—. ¡Una serpiente!

Los gritos de terror se sucedieron.

—¡¡¡Aaaaaaaaaaaah!!! ¡¡¡Viene hacia aquí!!! —gritó una señora mayor que estaba en primera fila.

Todo el mundo señalaba hacia el mismo lugar.

Los agentes desenfundaron sus armas.

Muchos espectadores sacaron las jeringuillas que habían repartido por el pueblo.

Mi madre pidió calma.

—¡La policía se encarga! ¡Dejen las jeringuillas, por favor! —gritó.

—¡¡¡Mamá!!! —exclamó Rober, en brazos de mi padre, unas filas más abajo.

Mis compañeros permanecían inmóviles.

Durante el partido, no podíamos usar nuestros poderes, vale.

Pero si tampoco podíamos emplearlos cuando alguien corría peligro, ¿de qué nos servían?

La señora mayor y otros espectadores retrocedieron despavoridos.

La serpiente se deslizaba por entre la hierba a toda velocidad...

Uno de los agentes de policía dio un salto y se puso delante de ella, cerrándole el paso.

La apuntó con la pistola.

Pero, acto seguido, bajó el arma y sonrió.

—¡Es una manguera! —exclamó.

¡¿EH?!

—¡Perdón, perdón! —dijo Botón Rojo.

El bedel sujetaba en la banda el extremo de una manguera enchufada al sistema de riego del campo.

—Pero ¿qué narices está pasando? —preguntó la árbitra.

—Es que estaba todo muy seco y he regado hasta el último momento para que los chavales puedan jugar mejor —respondió Botón Rojo.

Con su parsimonia habitual, retiró la manguera.

—Con las prisas, pues no me ha dado tiempo a terminar todo —se justificó.

Entre risas de alivio y murmullos, todos fueron regresando a sus asientos.

Estaba claro que, con el tema de las serpientes, todo el mundo estaba un poco nervioso.

Reconozco que yo también.

Había dado la voz de alarma sin asegurarme.

Umberto aprovechó el desconcierto y me dijo:

—Última oportunidad. Si ahora mismo cruzas el campo y te vienes con nosotros, estarás a salvo. Si no, te convertirás en nuestro enemigo para siempre.

—Pero ¿qué dices? —murmuré—, ¿cómo voy a hacer algo así ahora, delante de todos?

—En cuanto la árbitra pite, no habrá vuelta atrás —respondió Umberto—. Somos más. Somos mejores. Y tú eres de los nuestros. ¿Qué más da lo que piense la gente? A mí me da igual, ¿y a ti?

Ximena y Huang me observaban desde sus posiciones.

Aunque no oyeran la conversación, vi en sus caras que sabían perfectamente lo que estaba ocurriendo.

—No dejes que los demás decidan por ti —insistió Umberto—. Esos se creen mejor que tú. Te ocultan cosas.

—No me ocultan nada —rebatí.

—¿Ah, no? —dijo él—. ¿Te han contado quién era el número 11 del Estrella Polar antes que tú?

—Eso da igual, por lo visto se lo llevaron los... los... —empecé a decir.

—¿Se lo llevaron los trepanadores? —me interrumpió—. ¿Eso te han contado? Pues te voy a dar una primicia. El que llevaba el número 11 en el Estrella Polar era... yo.

—¡¿Tú?!

—Pregúntaselo a tus amiguitos —dijo Umberto, desafiante.

Oí una voz dentro de mi cabeza.

«Todo tiene una explicación», me dijo Huang con la mente.

«¿Es verdad?, ¿Umberto era el número 11? ¿Por qué me habéis mentido?», le pregunté con el pensamiento a mi compañero.

«El número 11 era Umberto, es cierto. No te lo habíamos contado porque no es relevante —me dijo Huang—. Se lo llevaron los trepanadores, y cuando volvió ya no era el mismo. Tuvimos que echarlo del equipo.»

—¡Falso! —aseguró Umberto—. Me fui yo porque sois unos mentirosos y os creéis mejores que los demás. Desde que tuve el accidente en la central, nunca me tratasteis igual.

Un momento...

¡¿Umberto también podía leer el pensamiento?!

¡¡¡¿Qué estaba pasando?!!!

A cada momento, estaba más confundido.

Estaba teniendo una conversación a tres bandas con Huang y con Umberto, mezclando el pensamiento y las palabras en voz alta.

La árbitra hizo un gesto a los porteros de los dos equipos, que respondieron levantando el pulgar.

El partido estaba a punto de comenzar.

—Te prometo que, si cruzas esa línea ahora mismo, nunca te mentiré —dijo Umberto—. Te prometo que, con nosotros, conseguirás todo lo que te propongas.

Por primera vez, sentí el impulso real de irme con Los Hurones.

Allí mismo. Delante de todos.

No me gustaba que me ocultaran cosas, que me contasen medias verdades, que me trataran como el eterno novato que no se entera de nada.

Ximena clavó su mirada en mí.

Sus ojos verdes y brillantes.

Entonces supe lo que debía hacer.

No había ninguna razón verdaderamente lógica.

Pero tomé una decisión.

—No puedo irme con vosotros —dije mirando fijamente a Umberto.

—¿Por qué? —preguntó él muy enfadado.

Porque no soy un chaquetero, porque no me fío, porque sois unos matones, porque a pesar de todo tengo una corazonada con mis compañeros del Estrella Polar y últimamente he decidido fiarme de mi corazón.

—Porque vosotros sois trece —respondí—. Y nosotros somos...

—¡Once! —exclamó Huang y se llevó la mano a la boca, como si se le hubiera escapado.

Sonreí.

—Te arrepentirás —me amenazó Umberto.

—Ya veremos —repliqué.

La árbitra se acercó el silbato a la boca.

—¡Piiiiiiiiiiiiiiiiiiiiiiiiiiiiiiiiii!

Y empezó el partido.

# 25

Ximena sacó de centro para Ruth.

Ella avanzó con el balón controlado.

—¡Dos! —gritó Febbe desde la banda.

Estrategia número 2.

Pero ni siquiera pudimos hacer dos pases seguidos.

Corrí y levanté la mano, pidiéndole el balón a Ruth hacia la banda.

Antes de que me pudiera centrar...

¡PATAPUM!

Culebra me hizo una entrada terrible con las dos piernas por delante.

Salí volando y me estrellé contra el suelo de bruces.

La árbitra pitó falta.

Me dolía la pierna a la altura de la rodilla.

—¡¿Es que no le va a sacar tarjeta?! —le dije a la árbitra, enfadado.

Ella se llevó la mano al bolsillo.

Y sacó una tarjeta amarilla...

¡A mí!

—¡Tarjeta amarilla por protestar! —exclamó la árbitra—. ¡Se lo advertí!

Puuuuuf.

Solo llevábamos unos segundos de partido y ya me había llevado un patadón y una tarjeta.

Culebra se acercó.

—¿Qué pasa, Ranaman? —me preguntó—. ¿Necesitas ayuda para levantarte?

En la grada, los familiares y los seguidores que habían venido de París eran cada vez más ruidosos.

**¡Aquí estamos Los Hurones,**
**nadie tiene más neutrones!**
**¡Aquí estamos Los Hurones,**
**levantad los corazones!**

Me incorporé y me alejé hacia el campo contrario.

Jon sacó la falta en corto en dirección a Ximena.

La número 10 avanzó unos metros, levantó la vista y golpeó el balón fuerte y raso hacia el borde del área, donde yo me encontraba.

Archi me cubría de cerca con su gran corpachón.

Demasiado cerca, diría yo.

Me agarró de la camiseta.

Recibí el balón de espaldas.

Tenía encima a Archi, casi no podía ni moverme.

Me vinieron a la mente las palabras de Febbe: si después de dos pases no hemos marcado, hay que chutar.

No podía devolver el balón a ninguno de mis compañeros, habíamos agotado los pases.

Aunque fuera casi imposible, tenía que disparar.

Aproveché un nuevo empujón de Archi, me giré a toda velocidad a la derecha, luego a la izquierda, otra vez a la derecha y me di la vuelta para chutar.

Armé la pierna y cuando ya estaba a punto de golpear el balón...

¡RAAAAAAAS!

Archi apoyó su hombro metálico sobre el mío y me golpeó con la bota en el pie de apoyo.

Me clavó los tacos en el tobillo.

Fue una patada brutal.

Me estampé de nuevo contra el césped.

A este paso, me iba a quedar cojo.

Miré a la árbitra desde el suelo, quería decirle que aquella patada era una barbaridad, que se merecía una tarjeta y expulsión..., pero me mordí la lengua.

Ella se limitó a decir:

—Carga legal con el hombro, no ha sido falta.

Y me hizo un gesto para que me pusiera en pie.

¡¿Cómo?!

¡¿Carga legal?!

Si casi me parte el tobillo.

Una cosa es que no le saque tarjeta..., ¡pero ¿ni siquiera iba a pitar falta?!

—¿Quieres decirme algo? —me preguntó la árbitra, desafiante.

—No, no, yo respeto las decisiones arbitrales —dije, aguantándome.

—Ya me parecía —dijo.

Me levanté.

Seguí adelante cojeando.

No pensaba darme por vencido, por muchos golpes que recibiera.

En la primera parte, no tuvimos ni una opción clara de gol.

Durante treinta y cinco minutos, se dedicaron a darnos patadas, empujones, golpes, agarrones.

Los Hurones jugaban duro con todos.

Pero la tomaron especialmente conmigo.

Umberto no me quitaba ojo y daba indicaciones al resto.

Querían dejarme claro que eran mis enemigos, tal y como me había advertido.

Fuimos alternando entre la táctica 1 y la 2 varias veces, según iba gritando nuestra entrenadora.

Para mí, no hubo gran diferencia entre ambas.

La conclusión de casi todas las jugadas era la misma:

Yo tirado sobre el césped.

Bocarriba.

Bocabajo.

Tras una patada en la espinilla.

O un codazo.

O un empujón a destiempo.

Me dolía todo el cuerpo.

Debieron de darme más de veinte golpes, perdí la cuenta.

Estaban batiendo un récord de juego sucio.

La árbitra solo pitó tres o cuatro faltas.

—¡¿Estás bien, cariño?! —gritó preocupado mi padre desde la grada.

—Fenomenal —respondí resoplando.

Casi no podía ni caminar.

—¡El Tito está fenomenal! —gritó Rober—. ¡El Tito está fenomenal y cojo!

Desde el palco, mi madre me miró con preocupación. Tenía una sonrisa de compromiso, y aguantaba la compostura junto al alcalde y los demás.

Febbe se encaró con la árbitra.

—Están machacando al número 11 —le dijo muy enfadada—. ¡Tu deber es proteger a los jugadores! ¡Tienes que sacar tarjeta!

Sin dudarlo ni un segundo, la árbitra le mostró tarjeta amarilla a nuestra entrenadora.

—Ya he sacado tarjeta —aseguró la árbitra—. ¿Contenta? ¿O quieres más?

Febbe resopló.

Era imposible razonar con la árbitra.

Lo mejor era callarse y esperar a que llegara el descanso.

Tal vez pudiésemos reorganizarnos.

Después de todo, íbamos empate a cero.

No habíamos tenido ninguna ocasión clara.

Pero Los Hurones tampoco habían marcado.

Seguíamos teniendo las mismas posibilidades que al principio del partido.

Solo necesitábamos un gol para proclamarnos campeones de liga.

Y mantener nuestra portería a cero, claro.

Apenas quedaba un minuto para el final del primer tiempo.

Teníamos el balón en nuestro poder.

Bastaba con que aguantásemos la posesión y nos iríamos tranquilos al vestuario.

Pero Febbe exclamó desde la banda:

—¡Dos! ¡Máximo dos!

Berta, con el balón en los pies, la miró desconcertada.

Creo que la capitana había pensado lo mismo que yo: lo mejor en esos momentos era la estrategia uno.

Aguantar el balón y dejar que el reloj corriera.

Berta retrocedió hacia nuestra portería.

Parecía que iba a pasarle el balón a Pello.

La entrenadora se acercó a la banda, fuera de sí.

—¡He dicho dos! —exclamó—. ¡Dos, dos, dos!

—Vale, vale —dijo Berta.

Casi sin mirar, le dio un pase en profundidad a Nando, que corrió por la banda.

No usó su supervelocidad, pero aun así era rapidísimo.

Llegó al balón, lo controló y siguió adelante, pegado a la línea.

Regateó a Culebra, dejándola atrás.

Y también al lateral de Los Hurones.

Ximena, Jon, Ruth y yo mismo subimos, acompañándolo en el ataque.

—¡Aquí! —gritó Ruth entrando en el área.

Solo habíamos hecho un pase en toda la jugada.

Nando podía bombear el balón y colgarlo al área.

Éramos cuatro jugadores para intentar rematar.

Defensores y atacantes luchábamos dentro del área, esperando el pase.

Sin embargo, Nando hizo lo más difícil y, en lugar de centrar, encaró a Archi, que intentaba bloquearle el paso.

Adelantó el balón, hizo un amago y... ¡se lo pasó entre las piernas a Archi!

Fue un caño perfecto.

Todo el mundo se puso en pie en las gradas.

Expectante.

Nando pisó la esquina del área con el balón aún controlado.

Apenas quedaban unos segundos para el descanso.

La árbitra se llevó el silbato a la boca.

Estaba a punto de pitar.

—¡Aquí! —gritó Ruth, levantando la mano.

Nando se detuvo un instante, valorando sus opciones.

Intenté desmarcarme.

Entre el remolino de jugadores que se había formado, alguien llegó por detrás y me agarró con ambas manos.

Era Umberto.

—Te avisé —murmuró.

Y me dio un golpe fortísimo con la rodilla en la espalda.

Sentí un dolor terrible.

No podía mantenerme en pie.

Umberto aprovechó que nos tapaba una maraña de jugadores y me dio otro rodillazo en el mismo sitio, a la altura de las lumbares.

Caí de rodillas.

Me dolía muchísimo.

Fui incapaz de emitir siquiera un quejido.

El capitán de Los Hurones me dio un último empujón y caí sobre el césped.

Había un tremendo revuelo dentro del área; estaban masacrando a mis compañeros con agarrones, empujones y golpes.

La árbitra no pitó nada.

—¡Jueguen, jueguen! —exclamó.

Desde el suelo, entre las piernas de unos y otros, vi a Nando chutar directo a portería desde su posición casi imposible.

El balón voló.

Trazó una parábola en el aire y fue directo a la escuadra.

El Manco se estiró y sus dedos metálicos rozaron el balón.

Pero no pudo detenerlo...

¡El balón entró en la portería!

Se estrelló contra la red limpiamente.

La árbitra levantó el brazo y pitó.

¡Golazo!

¡Y final de la primera parte!

—¡Gooooooooooooooooooooooooooooool! —gritó Nando, dando botes y abrazándose a mis compañeros.

Cerré los ojos.

# 26

Ximena y Huang me ayudaron a llegar al vestuario.

Caminaba agarrándome a ellos dos.

Cada vez que apoyaba un pie en el suelo, sentía un espantoso calambrazo en la espalda.

—Se han cebado contigo —dijo Huang.

—Y ni siquiera les ha sacado una tarjeta, ni una advertencia —se lamentó Ximena.

—Por lo menos vamos ganando —dije yo.

Ximena sonrió.

—Has sido muy valiente —dijo.

Nando salió del campo entre aplausos y felicitaciones.

Estaba encantado.

Era el héroe del momento.

A pesar de los golpes, los empujones y la presión, había marcado el único gol de toda la primera parte.

No se detuvo a preguntarme cómo estaba.

Entró a los vestuarios levantando los brazos y haciendo la señal de la victoria.

Los Hurones permanecían alrededor del banquillo, muy serios.

No se habían movido de allí.

Su entrenador, un tipo calvo, bajito, con cara de pocos amigos, les echaba la bronca, muy enfadado. Hacía gestos secos y violentos con la mano.

No sabía exactamente qué órdenes les estaría dando para el segundo tiempo, pero podía imaginármelo.

Ya veía a Umberto y compañía haciendo entradas cada vez más peligrosas.

Sin importarles lo más mínimo el rival ni la deportividad.

—No entiendo cómo aguantáis a esos matones sin usar los poderes —murmuré.

—Yo tampoco lo entiendo —dijo Huang.

Ximena lo fulminó con la mirada.

—Perdón, ya sé que lo hemos hablado mil veces —se excusó Huang—: nadie puede saber que tenemos superpoderes.

—Además, hay que respetar los poderes —dijo Ximena—, no se pueden utilizar para cualquier cosa. Ni mucho menos para un partido de fútbol.

—¿Cuándo se pueden usar? —pregunté abiertamente.

Ximena se detuvo y me observó.

—No hay una regla —respondió—. Utilízalos cuando creas que es el momento correcto.

—Para ayudar a los demás —apuntó Huang.

—¿Y para defenderme a mí o a mis compañeros? —dije.

—Guíate por tu corazón —dijo Ximena.

Tic-tac.

Mi corazón precisamente.

Antes de entrar en el túnel, se oyó un murmullo en la grada.

—¿Qué es eso?

—¿Qué pasa ahora?

La gente señaló el viejo marcador electrónico.

Había aparecido un mensaje:

«Tercer y último aviso.

Alcalde Rata: cierra la central nuclear.

Ahora mismo.

O los niños pagarán tus errores.

La *Oxyuranus* los devorará.

Firmado,

el Profeta.»

Miré a Ximena.

Detrás de nosotros, Huang dijo:

—Es la primera vez que el mensaje va dirigido directamente al alcalde.

Los tres estábamos pensando lo mismo.

Ismael Rata no solo era alcalde de Nakatomi.

Y tal vez de París.

Además, era uno de los principales dueños de la central.

Allí estaba, en el palco, indignado.

Señalando el marcador fuera de sí.

—¡Borren eso! —gritó—. ¡Es indignante! ¡Qué vergüenza!

—¡¿De qué va esto, alcalde?! —preguntó una señora con un gorro, sentada en primera fila.

La gente estaba muy alterada.

Unos y otros se pusieron en pie, dirigiéndose al alcalde.

—¿Tiene algo que ver con el mensaje del otro día en el salón de actos?

—¿Por qué dice *tercer aviso*?

—¿Se nos está ocultando información?

—¿Por qué nos han repartido las jeringuillas?

—¿Corremos peligro?

—¿Qué es eso de la *Oxyuranus*?

—¡El Tito es una *Oxyuranus*! —gritó mi hermano Rober—. ¡El Tito es una *Oxyuranus*!

Por suerte, entre tantos gritos nadie le prestó atención.

Ismael Rata se ajustó la corbata, sonrió e hizo un gesto tratando de quitarle importancia.

—No hay de qué preocuparse, vecinos —aseguró—. Como podéis ver, el despliegue policial es impresionante. Y las jeringuillas solo son una medida preventiva. Está todo controlado, ¿verdad, señora jueza?

Mi madre asintió, dándole la razón. Qué remedio.

En el césped, el pastor alemán ladró un par de veces.

—Como ya sabéis, alguien está soltando serpientes australianas por el pueblo y lanzando mensajes de amenaza —siguió diciendo el alcalde—. Pero no vamos a ceder al chantaje de unos... gamberros..., de unos terroristas.

—¡Así se habla! —dijo el Frases—. ¡Los truenos solo asustan a los niños pequeños, y las amenazas, a los hombres tontos!

—Déjate de frasecitas y de hacer la pelota, Ruiz —le dijo la señora del gorro—, que no está el horno para bollos.

Los espectadores estaban cada vez más nerviosos.

—¿Por qué quieren cerrar la central, alcalde?

—¿Existe algún riesgo para Nakatomi?

—¿Y para París?

—¡¿Qué está ocurriendo?! ¡Dinos la verdad, Ismael!

—Tranquilidad, por favor —pidió el alcalde sin perder la sonrisa—. La central es cien por cien segura, puedo garantizarlo. Solo trae trabajo y prosperidad a la comarca. ¡No vamos a permitir que nadie nos arrebate el futuro!

La gente se miró, reflexionando sobre sus palabras.

—Perdone —dijo mi padre levantando la mano—. Sé que llevo poco tiempo en el pueblo, pero usted también es dueño de la central, ¿verdad, señor Rata?

—Solo tengo un pequeño porcentaje, la central pertenece a muchos accionistas —respondió—. Pero sobre todo pertenece a las personas que están hoy aquí, a sus trabajadores, a los miles de ciudadanos que pagan su comida y sus hipotecas gracias al trabajo que genera esta gran fuente de riqueza.

—Ya está en modo mitin —dijo Huang—, no hay quien lo aguante.

Mi padre no pareció conformarse con esa explicación.

—Disculpe que insista —dijo—, pero ¿no es incompatible el puesto de alcalde con el de accionista de una central

nuclear en el pueblo?, ¿quién da los permisos a la central?, ¿quién hace las inspecciones y las revisiones?

Ismael Rata empezaba a sentirse incómodo.

Miró a mi madre como diciéndole: «¿Por qué me habla así tu marido? Haz algo».

Pero ella se encogió de hombros y no intervino.

—Querido, en una cosa tiene usted razón —contestó Rata a mi padre—: lleva muy poco en el pueblo y no tiene ni idea de lo que está diciendo. Ante todo, soy alcalde de Nakatomi y, si la gente así lo quiere, espero que muy pronto de París también. Todo lo que hago únicamente tiene una motivación: el bienestar de la buena gente de esta zona.

—Yo no quería poner en duda... —intentó decir mi padre.

Pero el alcalde lo cortó.

—Los que somos de aquí sabemos cuánto ha sufrido esta comarca —dijo—. Y no vamos a permitir que venga alguien de fuera a decirnos lo que tenemos que hacer. ¿La energía nuclear tiene sus riesgos? Sí, claro, como todo en la vida. Pero más problemas traen el paro y el hambre y la ruina. ¡Jamás os pondría en peligro!, ¡aquí está mi propio hijo!

Señaló a Nando, que saludó intentando sonreír.

Después se volvió hacia la gente y bramó:

—¡Os quiero!, ¡más que nada en el mundo! ¡Juntos vamos a construir un lugar de prosperidad y salud! ¡No van a acabar con el futuro de nuestros hijos! ¡No van a cerrarnos la central! ¡De ninguna manera!

La mayoría de la gente aplaudió convencida.

—¡Así se habla, alcalde!

—¡Te queremos!

—¡Rata, eres el mejor alcalde del mundo!

En pocos segundos, se los había metido en el bolsillo.

—¡Si quieres, puedes! —gritó subido a su asiento.

En ese momento, un chisporroteo hizo que todos volviésemos la vista al marcador electrónico.

Se apagó de golpe.

Justo debajo, estaba Botón Rojo.

Tenía en la mano unos cables pelados que había arrancado del poste eléctrico que sujetaba el marcador.

—Ya está desconectado —dijo—. Siempre a sus órdenes, alcalde.

Al desenchufarlo, no solo se apagó el marcador, también la iluminación de las vallas que rodeaban el campo.

El bedel se rascó la coronilla.

—Para el segundo tiempo no creo que funcione —añadió mirando los cables—. Habrá que llevar la cuenta de los goles y del tiempo a mano. Como en los viejos tiempos.

El alcalde pareció tranquilizarse.

—Perfecto —dijo, y miró de nuevo a mi madre, que no se había perdido detalle de todo lo ocurrido—. Espero que no haya más sobresaltos. Para eso tenemos la ley. Y por supuesto a las fuerzas del orden.

Y se sentó.

Los rayos del sol se filtraban por entre las gradas.

Iluminaban a Ismael Rata a contraluz.

Creando una imagen siniestra.

No parecía el alcalde de un pequeño pueblo.

Ni un hombre de negocios.

Parecía el dueño de todo.

Y de todos.

Me dio la impresión de que sus dientes brillaban más de lo normal.

Y que sus ojos proyectaban una sombra terrorífica.

Aunque tal vez solo fuese un efecto de la luz.

# 27

—¿Seguro que puedes jugar?

La entrenadora me miró preocupada.

—Si no te sientes bien, no fuerces —dijo.

Me dolía mucho el tobillo.

Y la rodilla.

Y el hombro.

Y sobre todo me dolía muchísimo la espalda, a la altura de las lumbares.

Pero no pensaba dejar al equipo con uno menos.

Era mi primer partido con ellos.

No quería defraudarlos.

—Estoy bien —aseguré.

Febbe me miró fijamente.

—De acuerdo —concedió.

Y se alejó por la banda.

Entramos en el campo, dispuestos a jugar el segundo tiempo.

Yo aún cojeaba un poco.

Cada vez que daba un paso, sentía un calambre en la espalda.

—Si te has hecho pupa, descansa en el banquillo, Ranita —dijo Nando al pasar a mi lado.

—¿Por qué le hablas así? —le preguntó Ximena muy seria.

Por un instante, Nando se quedó sorprendido.

—Di —insistió Ximena—. ¿A qué viene meterte con un compañero todo el rato? Estamos juntos en esto.

—Era una broma —se excusó él—. No es para tanto.

Claro que era para tanto.

Ser el nuevo ya era bastante difícil como para tener que aguantar esas tonterías.

—No pasa nada —dije.

Según se alejaba, Nando murmuró:

—Qué susceptible.

Huang entró el último en el campo, venía corriendo.

—Traigo noticias frescas —anunció.

Estaba sudando.

Parecía muy sofocado.

—¿Qué pasa? —preguntó Berta alarmada—. ¿Has descubierto algo relacionado con las serpientes?, ¿con el Profeta?, ¿con los trepanadores?

Negó con la cabeza.

—La árbitra —respondió—. Nació en París. Por eso está en nuestra contra.

—¿Cómo sabes que es de París? —dijo Ruth.

—He entrado en el ordenador central de la LESECU —explicó Huang—, y he visto que nació en París, aunque ahora vive en Collado Alto, por eso no nos sonaba.

—Será casualidad —dijo Milton.

—¿Has *hackeado* el ordenador de la LESECU? —preguntó Jiménez atemorizado.

—Solo un momentito de nada —se excusó Huang.

—¿Y qué se supone que tenemos que hacer con esa información? —preguntó Ximena.

—Yo os traigo la noticia —dijo Huang—, ahora ya vosotros la gestionáis...

—Creía que era algo importante —dijo Berta.

—La cosa tiene su miga —intervino Jalila—. Si es de París, no debería arbitrar este partido...

—Podemos presentar una queja formal —propuso Ruth.

—O también podemos irnos a casa antes de que la cosa se ponga peor —dijo Pello.

—¿De qué estáis hablando? —dijo Nando—. ¡Os recuerdo que vamos ganando! ¡En estos momentos somos campeones de liga!

—Bueno, pues nada de queja —dijo Jalila—, pero habrá que vigilarla.

Los Hurones se prepararon para sacar de centro.

La árbitra hizo un gesto a los dos porteros.

—¿Esto de *hackear* ordenadores lo haces a menudo? —le pregunté a Huang.

—Solo de vez en cuando —contestó.

¡Piiiiiiiiiiiiiiiiiiii!

La árbitra hizo sonar el silbato.

Culebra y Umberto pusieron la pelota en juego.

El segundo tiempo comenzó con una avalancha total de Los Hurones.

Continuaron con su juego agresivo y antideportivo.

Pero, además, añadieron algo nuevo:

Disparaban a nuestra portería desde cualquier sitio.

En cuanto se acercaban al área...

¡Zambombazo!

No esperaban a tener una buena posición o un ángulo claro.

Chutaban.

Y volvían a chutar.

Y empujaban.

Y se revolvían.

Y presionaban.

Y chutaban otra vez.

Eran como un huracán.

Nos pasaron por encima.

Literalmente.

En los primeros minutos, parecía que solo había un equipo en el terreno de juego: Los Hurones de Versalles.

Nosotros ni olíamos el balón.

Corríamos detrás de ellos.

Intentando cerrar espacios.

Tratando de bloquear sus jugadas.

En la mayoría de los casos, se libraban de nosotros de un empujón, de un codazo o incluso de una patada.

La árbitra seguía en la misma línea:

No pitaba casi ninguna falta.

—Vamos, vamos, juegue.

Era su frase favorita.

Pero el caso es que seguíamos ganando por la mínima.

Suficiente para proclamarnos campeones.

Ellos necesitaban al menos un empate.

Y, por el momento, no lo habían conseguido.

La gente en la grada animaba a su equipo.

Coreando las canciones y gritando.

El partido estaba totalmente abierto.

Ellos dominaban.

Y tenían las ocasiones.

Nosotros encajábamos los golpes.

Corríamos.

Y defendíamos lo mejor que podíamos.

Yo seguía recibiendo patadones una y otra vez.

Incluso cuando no tenía el balón.

—¡Esto es una masacre! —protestó Febbe desesperada.

La árbitra la miró de reojo y le hizo un gesto a modo de advertencia.

Cuanto menos tiempo quedaba, más apretaban Los Hurones.

Nos tenían prácticamente acorralados en nuestra área.

Pello hizo algunos paradones impresionantes.

Con los puños.

Con las manos por delante.

Con una sola mano.

Hasta con el pie sacó un balón casi imposible que había disparado Umberto a bocajarro.

El capitán de Los Hurones estaba furioso.

No entraba en sus planes la posibilidad de perder aquel partido.

Se acababa el tiempo y seguían abajo en el marcador.

En un momento determinado, su ojo derecho se encendió más de lo normal.

Tuve la sensación de que estaba deseando lanzar sus rayos y acabar con todo.

Le dio un empujón tremendo a Jalila, que intentaba quitarle el balón.

La lateral derecha cayó al suelo.

Umberto entró con el balón controlado dentro del área.

Ximena y yo corrimos para intentar alcanzarlo.

Todos sin excepción defendíamos, había que aguantar el resultado.

Milton estaba delante de él, cerrándole el paso.

Culebra se cruzó delante de Milton y lo obstaculizó directamente.

Umberto avanzó, rebasando al defensa, que no pudo moverse.

Parecía una jugada de *rugby*.

Yo corrí con todas mis fuerzas.

Umberto se quedó solo delante del portero y armó su pierna derecha.

Estaba a punto de disparar.

Pello salió de la portería a la desesperada.

Me lancé por el césped, deslizándome como si estuviera en una pista de hielo.

Y...

Y...

¡Toqué el balón con la punta de la bota!

¡Y lo desvié!

¡Justo antes de que Umberto chutara!

Había evitado el remate por muy poco.

La pierna derecha de Umberto se estrelló en mi espalda.

Sentí un dolor horrible.

Esa vez no parecía haberlo hecho a propósito.

Fue la propia inercia de la pierna.

Pello atrapó el balón.

Umberto cayó al suelo encima de mí.

La árbitra, que estaba muy lejos de la jugada, se llevó el silbato a la boca, desconcertada.

—¡Piiiiiiiiiiiiiiiiiiiiiii! ¡Piiiiiiiiiiiiiiiiiiiiiiiiiiii! ¡Piiiiiiiiiiiiiiii-iiiiiiiiiiiiii!

Yo no podía ni moverme.

—Pero ¿qué ha pitado? —preguntó Berta.

La árbitra dudó un instante y respondió:

—Pues..., o sea..., he pitado... ¡penalti! ¡Eso es, penalti a favor de Los Hurones!

—¡¿Qué?! —exclamó Febbe saltando al interior del terreno de juego—. ¡Pero si le ha quitado el balón limpiamente! ¡El que se ha llevado una patada ha sido mi jugador!

Por toda respuesta, la árbitra le sacó tarjeta roja.

—¡Expulsada! —dijo—. ¡Váyase ahora mismo!

Algunos padres y madres del equipo tuvieron que tranquilizar a Febbe, que estaba encendida.

—¡De París tenía que ser! —exclamó Huang señalando a la árbitra—. ¡Lo sabemos todo, eres de París! ¡Vas con Los Hurones!

—Una palabra más y te expulso a ti también —le advirtió la árbitra.

—¡Vendida! —dijo Huang—. ¡Eres una vend...!

Ruth le tapó la boca.

Demasiado tarde.

Por supuesto, la árbitra le sacó tarjeta roja.

Otro expulsado.

Umberto agarró el balón y se dirigió al punto de penalti.

—No puedo ni ponerme de pie —dije llevándome la mano a la espalda—. Me duele muchísimo.

La árbitra pidió que me ayudaran a salir del campo.

Mi madre, harta, bajó del palco corriendo hasta mi posición.

—¿Estás bien, cariño? —me preguntó.

—Sí, sí, no te preocupes —dije—, solo me duele cuando me muevo.

Entre un agente y mi madre me llevaron hasta la banda.

—Déjeme a mí —dijo el policía, explorándome con cuidado—. Yo creo que solo es un traumatismo, lo tiene rojo y un poco hinchado, pero nada más.

Sería solo un golpe, pero dolía una barbaridad.

Vi a mis compañeros desolados.

Penalti en contra cuando el partido ya casi estaba acabado.

Y encima Febbe y Huang, expulsados.

Y yo, lesionado.

Qué desastre.

—¡Tengo una buena noticia! —dijo Botón Rojo.

Todos nos volvimos hacia él.

A la vista de todo el mundo, conectó los cables en el poste del marcador electrónico.

—Ya funciona —aseguró—, lo he arreglado en un tiempo récord. Y, por suerte, nadie se ha electrocutado, je, je.

Efectivamente, el marcador se encendió de nuevo.

Y las vallas se iluminaron.

Todo volvía a funcionar.

—¡He sincronizado el vídeo del marcador con el cronómetro de la árbitra! —anunció, orgulloso.

En la pantalla apareció el tiempo exacto que quedaba para terminar el partido.

60 segundos.

# 28

Todo el público se puso en pie.

Pello se ajustó la gorra.

Umberto lo miraba desde el punto de penalti.

59 segundos.

Si marcaba, aquello se habría acabado.

No tendríamos tiempo de reaccionar.

Además, estábamos con dos jugadores menos.

Y sin entrenadora.

58 segundos.

Tirado en el suelo, junto al banquillo, observaba la jugada.

No quería mirar.

Mis compañeros se alinearon al borde del área, por si había un rechace.

57 segundos.

—Nunca ha fallado un penalti —murmuró Huang.

—¿Qué?

—Umberto —dijo Huang—. Es el máximo goleador de la LESECU. Y nunca ha fallado un penalti.

—Pues qué bien —dije.

56 segundos.

Pello comenzó a mover los brazos como si fuera un molino.

La árbitra señaló la portería.

Y pitó.

55 segundos.

Umberto tomó carrerilla.

Golpeó el balón con el empeine de la bota derecha.

La pelota salió disparada.

A media altura.

Fuerte y colocada.

54 segundos.

Pello se lanzó con los brazos extendidos.

Hacia el lado correcto.

Había adivinado el lanzamiento.

¡Podía pararlo!

53 segundos.

Febbe estaba en la boca del túnel, inmóvil, contemplando el lanzamiento.

Todo dependía de lo que ocurriera en los próximos dos segundos.

Pello se estiró.

Más y más...

52 segundos.

El balón giraba en el aire.

A toda velocidad.

Como un obús.

Los cientos de espectadores contuvieron la respiración, no se oía absolutamente nada.

51 segundos.

El balón volaba.

Pasó rozando los dedos de Pello, que no pudo detenerlo.

Chocó contra el poste.

Y...

—¡Goooooooooooooooooooooooooooool!

50 segundos.

Los Hurones se abrazaron, gritando entusiasmados.

Umberto había lanzado el penalti perfecto.

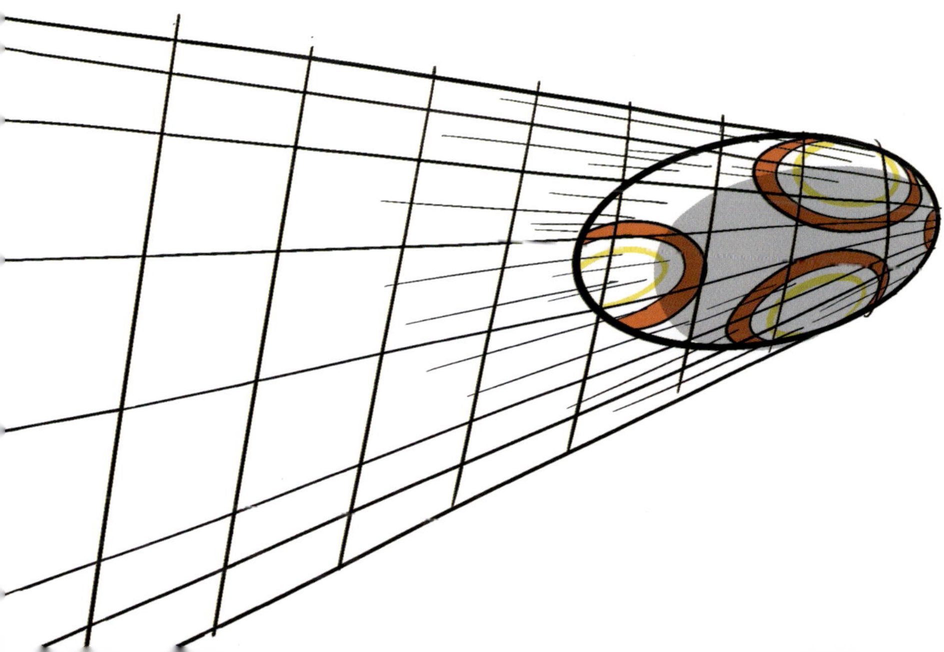

Fuerte.

Ajustadísimo al poste.

Y lo había metido.

El entrenador daba brincos en el banquillo, dándose palmadas en la calva.

Los jugadores levantaron en hombros a Umberto, cuyos ojos brillaban con más intensidad que nunca.

Todos los seguidores que habían venido de París cantaron:

**¡Aquí estamos Los Hurones,**
**nadie tiene más neutrones!**
**¡Aquí estamos Los Hurones,**
**levantad los corazones!**

Uuuuuuuuuuf.

Por muy poco, no habíamos conseguido aguantar el resultado hasta el final.

Febbe había desaparecido por el interior del túnel.

Estaba expulsada.

Y supongo que muy molesta.

Huang se había quedado repantingado dentro del banquillo, con los brazos cruzados.

Pello permanecía tirado bocabajo sobre el césped, lamentándose. Había adivinado el lanzamiento, pero aun así no había conseguido detenerlo.

Mi padre y otros espectadores del Estrella Polar protestaron en vano.

Mi madre seguía en la banda, atenta a todo lo que ocurría, sin participar.

Ximena se dirigió al centro del campo.

Aún quedaban unos pocos segundos para acabar.

Los Hurones seguían celebrando su golazo, saltando y saludando a sus seguidores.

La árbitra no les metió ninguna prisa, a pesar de que el tiempo seguía corriendo.

Ismael Rata estaba en pie, aplaudiendo con la mejor de sus sonrisas.

Es lo que tiene ser candidato para la alcaldía de los dos pueblos: ganase quien ganase, él, encantado y repartiendo felicitaciones.

Yo no era más que un recién llegado, pero me dio rabia el resultado.

Ellos no habían jugado mejor.

Solo habían jugado más duro.

Y con la árbitra claramente a su favor.

Pero no quería ser uno de esos que protestan y se quejan por todo.

Me gusta el fútbol.

Muchísimo.

Prefiero ganar, claro.

Pero hay que saber perder.

Tenía que aceptarlo.

Habíamos luchado al máximo, con deportividad, y al final no había podido ser.

Intenté incorporarme; sin embargo, el dolor en la espalda me lo impidió.

Entre los gritos eufóricos de unos y las protestas de otros, oí una voz:

—¡Tito, la *Oxyuranus*! ¡Tito, la *Oxyuranus*!

Me di la vuelta.

En medio de todo el lío que se había montado, mi hermano Rober me hacía gestos con las dos manos, tratando de llamar mi atención.

Mi padre no se dio cuenta, estaba de espaldas protestando y discutiendo con otros espectadores.

Por un momento, pensé que Rober estaba con alguno de sus juegos.

Pero no era eso.

—¡Titoooooooo, la *Oxyuranus*! —gritó una vez más.

Mi hermano señaló la valla que separaba el césped de la grada.

Encaramada, sosteniéndose en un equilibrio aparentemente imposible...

¡Había una taipán!

Esa vez no era una manguera ni ningún otro objeto.

¡Era una descomunal *Oxyuranus*!

Y eso no era todo.

A lo largo de la valla, que recorría todo el campo, ¡aparecieron de pronto muchísimas serpientes!

Rojizas, de color marrón verdoso.

No sabía cuántas habría.

Ni de dónde habían salido.

¡¡¡Era una auténtica invasión de taipanes!!!

Todas se deslizaban con gran destreza y sigilo hacia el público.

—¡Ximena! —grité, alertando a mi compañera.

Enseguida, ella se dio cuenta de lo que estaba ocurriendo.

Poco a poco, se fue corriendo la voz.

Primero, entre los integrantes del Estrella Polar.

Después, entre Los Hurones.

Y, por último, entre los espectadores.

Las protestas y celebraciones se transformaron en gritos de pánico.

—¡¡¡Socorro!!! —gritó el señor Ruiz, tratando de retroceder.

—¡¡¡Malditos bichos asesinos!!! —exclamó la señora del gorro.

El alcalde trató de escabullirse, pero tropezó y se quedó encajado en el palco.

Casi todos se empujaban sin ningún orden.

Y gritaban despavoridos.

—¡Calma! —pidió mi madre—. ¡Por favor, no se muevan de sus asientos! ¡Utilicen las jeringuillas si es necesario! ¡La policía los ayudará!

Mi padre consiguió clavar una jeringuilla sobre una gigantesca taipán que se acercaba peligrosamente.

Pero había muchísimas más.

Era imposible contenerlas.

En el campo, media docena de taipanes rodearon a mi madre.

En la grada, varios espectadores sacaron las jeringuillas. Pero la mayoría no sabían utilizarlas, se hacían un lío o se les caían al suelo. Y, lo que es peor, algunos, presas del pánico, les clavaron las jeringuillas a otros espectadores, que caían desplomados.

¡Era un caos total!

Los policías intentaban repeler a las serpientes, sin conseguirlo.

Eran muchas, se movían muy rápido y además eran venenosas.

Los agentes no podían acercarse fácilmente.

Una sola mordedura podía suponer la muerte.

La situación se había descontrolado por completo.

El único que parecía enfrentarse con éxito a las serpientes era el pastor alemán.

Las atrapaba con sus colmillos y las lanzaba lejos con enorme fuerza.

Pero era un solo perro frente a decenas de taipanes y cientos de personas.

Mi hermana, Rosalía, bajó a trompicones hasta donde estaban mi padre y mi hermano.

—¡Papááááááááááá! —gritó.

La avalancha humana le impedía avanzar.

Sus tres compañeras del instituto se dedicaban a grabar vídeos y hacerse selfis, como si estuvieran en una fiesta.

La gente gritaba y pedía auxilio.

Todo el mundo estaba muerto de miedo.

Un policía, desesperado, desenfundó su pistola... ¡y le pegó cuatro tiros a una taipán!

—¡Armas de fuego no! —ordenó mi madre—. ¡Hay niños y personas mayores... y las serpientes se están mezclando con la gente! ¡No disparen!

—Entonces ¿qué demonios hacemos? —le preguntó el agente.

Mi madre no supo qué responder.

Las taipanes estaban atacando a los habitantes de los dos pueblos.

Mezclándose con la gente.

Ya era imposible detenerlas.

—¡¿Qué hacemos?! —repitió el policía, agobiado.

Crucé una mirada con Ximena.

Había llegado el momento de ponerse en marcha.

# 29

Aguanté el dolor como pude.

—¡Aaaaaaaaaaaaaaah! —exclamé, dolorido.

Las lumbares me dieron un calambrazo.

Tenía que aguantar como fuera.

Tic-tac, tic-tac.

Di un salto.

Y luego otro.

Era como si me clavaran un puñal a cada paso.

Seguí adelante.

Tic-tac, tic-tac, tic-tac.

La situación era angustiosa.

Mi padre había cogido en brazos a Rober.

Mi madre huía de las serpientes y trataba de llegar hasta ellos, pero era imposible entre las carreras de unos y otros.

Más arriba, Rosalía se había estampado contra un asiento tras recibir un empujón.

Tic-tac, tic-tac, tic-tac, tic-tac.

El corazón me iba a estallar.

Estaba a punto de desvelar el secreto de los superpoderes delante de todo el mundo.

Pero me dio igual.

Solo pensaba en ayudar a mi familia y al resto de la gente.

Tic-tac, tic-tac, tic-tac, tic-tac, tic-tac.

Podía hacerlo.

Sin más, me abalancé sobre el perro policía.

Sujetándolo con ambas manos.

Y...

¡Sucedió!

¡Me convertí en un enorme pastor alemán!

Con enormes colmillos.

Y grandes garras.

Entrenado para luchar.

Salté sobre una taipán, la agarré con los dientes y la lancé lejos de allí.

Con una pata, pisé otra hasta enterrarla en la arena.

Con mis garras, repelí otra serpiente de un zarpazo.

Tras el susto inicial, el pastor alemán, el original, se envalentonó aún más y también comenzó a arrastrar serpientes lejos de allí.

Me dirigí hacia mi familia, tenía que salvarlos.

Corriendo... a cuatro patas.

Mi madre me observaba como si fuera un fantasma.

Lo había visto todo.

Mi transformación.

Su rostro, desencajado, pedía a gritos una explicación.

Pero no había tiempo para eso.

Salté sobre su pierna derecha, donde una taipán estaba a punto de morderla.

Atravesé con mis colmillos aquella serpiente.

Y me libré de ella.

Por debajo de las vallas, empezaron a surgir más taipanes.

Era totalmente imposible vencerlas yo solo.

Giré el cuello hacia el campo de fútbol.

Y lancé una especie de aullido de auxilio.

—¡Auuuuuuuuuuuuuuuuu!

Ximena fue la primera en reaccionar.

—¿A qué estamos esperando? —dijo con rotundidad—. ¿Vamos a permitir que esas serpientes acaben con todo el mundo?

Movió los brazos y se volvió invisible de inmediato.

—¡La gente ya ha visto al nuevo! —bramó Berta—. ¡Mostremos nuestros poderes de una vez y salvemos al pueblo!

La capitana echó a volar hacia la grada.

Milton se arrancó la camiseta con las dos manos y se transformó en el niño indestructible que ya había visto.

Ruth sacó sus garras.

Jalila hizo que un círculo de fuego brillara a su alrededor.

Pello extendió los brazos y piernas varios metros.

Jon se multiplicó y empezó a pegar saltos descomunales sobre las serpientes.

Nando usó su supervelocidad para llegar a la grada y agarrar por la cola a un montón de taipanes, que no podían ni verlo de lo rápido que se movía.

Juntos teníamos una oportunidad.

Pero no acabó ahí la cosa.

Umberto exclamó:

—¡Esas taipanes también están atacando a los vecinos de París! ¡Vamos a enseñarles modales!

Lanzó sus rayos y comenzó a chamuscar serpientes venenosas.

Archi, Culebra, el Manco y el resto de Los Hurones también atacaron a las taipanes.

Y así fue como, por primera vez, los once del Estrella Polar y los trece de Los Hurones unieron sus fuerzas.

Por un bien común.

Ante los ojos atónitos de los habitantes de ambos pueblos.

Fue una lucha encarnizada.

Niños con superpoderes contra serpientes ultravenenosas.

No creo que haya habido muchas batallas parecidas.

Eran cada vez más serpientes, salían por debajo de las vallas.

—Yo creía que el mensaje amenazaba con once serpientes —dijo Huang, saltando con ambos pies sobre una de ellas—, no con once mil.

Por mucho que tuviéramos poderes, debíamos evitar que nos mordiesen.

No éramos inmortales.

Con mis dos patas delanteras, eché abajo una de las vallas, llevándome por delante y aplastando un montón de taipanes, que se revolvieron.

—¡Titooooooooooo!

Mi padre sostenía a mi hermano mientras intentaba subir a lo alto de la grada para alejarse del peligro.

Pegué dos saltos.

Noté un latigazo en el lomo.

Aunque en aquel momento fuese un perro enorme y adiestrado, el golpe en las lumbares me seguía doliendo una barbaridad.

Quería ayudar, pero me costaba moverme.

Una serpiente se abalanzó con la boca abierta directa hacia mí.

Algo se puso en su camino y la interceptó de un golpe seco.

¡Era el brazo metálico del Manco!

—De nada —dijo él sonriendo, y siguió adelante, luchando contra las taipanes.

Estaba claro que, junto con Los Hurones, éramos mucho más fuertes.

Berta volaba de un lado a otro del campo con su armadura, rescatando y salvando espectadores de posibles mordeduras.

Al mismo tiempo, Umberto iba fulminando con sus rayos a las serpientes que se acercaban peligrosamente a la gente.

Y así todos: Milton, con su superfuerza; Ruth, con sus garras; Jalila, con el fuego; Huang, teletransportándose de un sitio a otro; Culebra, a mordiscos; Archi, aplastando todo a su paso...

Todos unidos contra un enemigo común.

Poco a poco, las serpientes parecieron retroceder.

Cada vez había menos.

La gente pasó del pánico al pasmo de ver a un grupo de niños convertidos en..., o sea..., en...

Vale, sí:

¡Superhéroes!

Me cuesta decirlo, jamás había pensado que yo sería uno.

Pero teníamos poderes fantásticos.

Y estábamos salvando a la gente.

Así que, por muy raro que me sonara, éramos superhéroes.

Al fin llegué a la altura de mi padre, que me miraba muy asustado.

Lógico: tenía delante un pastor alemán gigantesco.

—¿Ramón? —me preguntó, temeroso.

—¡Tito! —exclamó Rober, y me acarició con la mano.

Me hizo sentir muy bien el contacto con mi hermano.

Sentí una especie de serenidad, mi corazón se relajó, ya no estaba disparado.

De inmediato, comencé a desvanecerme.

Empecé a perder la forma que había adquirido.

Y dejé de ser un perro enorme para volver a ser yo: un niño de once años.

Mi padre estaba completamente desencajado.

—¡El Tito es una serpiente y una almohada y un perro! —gritó Rober.

Intenté sonreír, pero creo que me salió una mueca muy extraña.

—Esto no es lo que parece —dije—, ya os lo explicaré... Ahora tengo que seguir.

La batalla contra las serpientes no había terminado.

—¡¡¡Debajo de ti, empanado!!! —gritó mi hermana, Rosalía, avisándome.

Dos taipanes aparecieron de pronto en el suelo, bajo uno de los asientos...

¡Y se enroscaron sobre mis piernas!

Tic-tac, tic-tac.

Sentí su piel viscosa subiendo por mi cuerpo.

Me quedé paralizado, inmóvil, sin saber qué hacer.

Ya no era un perro con colmillos y garras, era solo un niño.

¿Cómo podía deshacerme de esas serpientes sin que me mordieran?

Tic-tac, tic-tac, tic-tac.

—¡Aquí! —exclamó alguien, tocándome el hombro.

Ximena apareció a mi lado.

Extendió sus manos hacia mí, con las palmas por delante.

Tic-tac, tic-tac, tic-tac, tic-tac.

Todo ocurrió en décimas de segundo.

Las dos taipanes estaban a punto de morderme.

Guiado por el instinto, coloqué mis manos sobre las de Ximena.

Y ocurrió lo más increíble que me ha pasado jamás.

Me transformé.

¡En Ximena!

Tic-tac, tic-tac, tic-tac, tic-tac, tic-tac, tic-tac, tic-tac.

Esa vez sí que parecía que el corazón me iba a explotar.

No solo podía convertirme en animales, objetos y elementos..., ¡también en personas!

Aquello abría unas posibilidades infinitas.

Mi corazón seguía desbocado, a doscientos mil por hora... A mi alrededor, ocurrían un montón de cosas: serpientes venenosas, gente huyendo, niños con poderes luchando... Y yo solo podía pensar:

¡Me había transformado en otra persona!

¡En Ximena!

Ella me miró, soltó mis manos y se hizo invisible.

Entendí lo que debía hacer.

Aunque fuera momentáneamente, había adquirido todos sus poderes.

Yo también me volví invisible.

Era una sensación increíble. Seguía allí, pero nadie podía verme.

Las dos taipanes se quedaron desconcertadas.

De repente, estaban enroscadas sobre... la nada más absoluta.

Su presa había desaparecido.

Sin embargo, no se dieron por vencidas.

Movían la lengua de una manera extraña, como si estuvieran olfateándome.

Abrieron la boca muchísimo.

Y las dos serpientes al mismo tiempo ¡me mordieron!

Clavaron sus dientes con fuerza.

¡Cada una en una pierna!

El veneno entró en mi cuerpo y empecé a sentirme muy débil.

Según había explicado mi madre, la mordedura de una taipán era mortal. Podías perder la vida en pocos minutos.

Y a mí me habían mordido dos a la vez.

Recuperé la visibilidad.

Volví a transfórmame en mí.

Y caí al suelo, sin fuerzas.

Ximena agarró a las dos serpientes por la cola y las lanzó muy lejos de allí.

Me di cuenta de que no era el único al que habían clavado su veneno.

La señora del gorro también había recibido una mordedura en un brazo.

Una de las amigas de mi hermana yacía en el suelo con una picadura en el cuello.

El señor Ruiz estaba pálido: tenía un mordisco en la mano.

La árbitra había caído sobre el césped, con una mordedura en un muslo.

El entrenador de Los Hurones también estaba malherido, tenía una marca en la nuca.

Y más gente.

Estábamos a punto de acabar con las taipanes.

Pero no habíamos podido evitar que mordieran a unas cuantas personas.

Entre otros, a mí.

Ximena se arrodilló a mi lado, recuperando la visibilidad.

Mi corazón latía muy despacio.

Sentía mucho frío.

Agarré a Ximena.

Pero esa vez no me convertí en ella.

Esa vez solo noté el calor de sus manos.

—¿Me estoy muriendo? —pregunté.

Ella no contestó.

Una lágrima cayó por su rostro.

# 30

Un enorme silencio se adueñó del campo de fútbol.

El césped.

Las gradas.

Al parecer, ya no quedaba ninguna taipán.

Las habíamos vencido.

Sin embargo, varias personas habían recibido el veneno de las serpientes.

Y se debatían entre la vida y la muerte. Incluido yo.

Mi madre hablaba por teléfono desesperada.

—¡Sí... sí..., el colegio Estrella Polar, es muy urgente, manden todas las ambulancias disponibles!

Mi hermano Rober lloraba.

Yo sentía cómo me iba apagando.

Se me iban las fuerzas.

—Tengo mucho frío —acerté a decir a duras penas.

—Estás ardiendo —dijo Ximena, muy asustada, tocándome la frente.

Berta aterrizó delante de mí.

Cruzó una mirada con Ximena.

—Tenemos que hacer algo —dijo la capitana, pensativa—. ¿Dónde se ha metido Jiménez? Hace rato que no lo veo.

De un brinco, Jiménez se asomó desde detrás del banquillo.

—Estaba aquí un poco escondido —dijo ajustándose el pañuelo—. Es que no sabía si atacar a los bichos esos... o apartarme para no molestar... o ayudar a la gente que huía... ¡Es muy difícil!, ¡hay que tomar decisiones todo el tiempo!

—Te necesitamos —aseguró Berta.

—Si ya habéis vencido a las serpientes —replicó Jiménez—, ha sido todo muy emocionante, enhorabuena.

—Ya, pero han mordido a Rana —dijo Ximena—, y a más gente...

—¿Y yo qué queréis que haga? —preguntó agobiado.

Todos lo miraron fijamente.

Era obvio.

Jiménez podía rebobinar el tiempo.

Dar marcha atrás.

—Pero.... pero... —empezó a decir— es muy peligroso, y nunca he rebobinado más allá de unos segundos.

—Solo tendrías que retroceder unos pocos minutos —intervino Huang—, justo al momento en que la primera serpiente comenzó el ataque.

—No sé, no creo que pueda —dijo Jiménez excusándose—, la última vez terminé fatal y solo fueron diez segundos.

—Inténtalo al menos —pidió Ximena.

—Cuanto más tiempo perdamos hablando, más tendrás que rebobinar —aseguró Berta—. Venga, puedes conseguirlo.

Mi madre colgó el teléfono y se dirigió a nosotros.

—No sé de qué estáis hablando —dijo muy seria—, pero, después de lo que acabo de ver, si tenéis alguna forma de salvar a Ramón y a toda la gente que ha sufrido una picadura..., solo puedo decir una cosa: ¡adelante!

—Vamos, Jiménez —dijo Ruth guardando sus garras—, hasta la jueza te lo está pidiendo.

—Así también conseguiremos que la gente olvide todo lo que ha visto —dijo Milton—. Si volvemos atrás, no sabrán nada de nuestros poderes.

—Vale, vale, está bien —accedió—. Pero no prometo nada.

Y, además, si rebobino, habrá que volver a pelear contra las serpientes, ¿quién dice que esta vez será distinto?, ¿cómo vais a hacerlo sin usar los poderes?

No había una respuesta para eso.

Podríamos tener más cuidado.

Enfrentarnos a las taipanes anticipándonos a sus movimientos.

Pero, por mucho que lo intentásemos, era muy difícil garantizar que las serpientes no mordieran a la gente.

Y, por supuesto, era totalmente imposible vencerlas sin usar los poderes.

—Da igual, algo se nos ocurrirá —dijo Huang, supongo que tras leerme el pensamiento—. Venga, tienes que intentarlo.

Jiménez seguía indeciso, como siempre.

Entonces, vi a Botón Rojo al otro extremo del campo.

Tuve una idea.

Quizá fuera una tontería.

—Yo me encargo —dije.

—¿De qué te encargas? —me preguntó Ximena.

—De todo —contesté, y miré a Jiménez—. Tú rebobina. Yo acabaré con las serpientes antes de que nadie salga herido. Y, además, nadie verá nuestros poderes.

—Está delirando —dijo Jiménez—. Es el veneno, no sabe lo que dice el pobre.

Berta se acercó a él.

—Escucha atentamente —le dijo—. Se acabó la discusión. Rebobina y sálvalos a todos. Soy tu capitana y te lo estoy pidiendo por favor.

—Es que cada decisión tiene muchos pros y muchos contras, y... —dijo Jiménez.

—¡Rebobina ahora mismo! —intervino Umberto acercándose—. ¡Lo mío no es por favor, es una orden!

A pesar de todo, Jiménez aún se disponía a replicar.

Pero una voz tajante lo interrumpió.

—¡HAZLO YA! —exclamó Jon mirándolo.

Aquellas dos palabras fueron las primeras que oí del número 7.

Y probablemente fuesen las últimas en mucho tiempo.

Parecían haber hecho efecto.

Jiménez se quitó el pañuelo y lo levantó al aire, como ya le había visto hacer la noche anterior en el camión.

—¿La gente olvidará todo lo que ha pasado cuando se rebobine el tiempo? —le pregunté a Ximena.

Ella asintió.

—Pero entonces olvidarán que los hemos salvado —dije.

—Nosotros lo sabremos siempre —aseguró ella—. Somos diferentes, ya lo sabes. A nosotros no se nos borrará la memoria. Y déjate de cháchara, ahora tienes que centrarte.

—¿En qué tengo que centrarme? —dije.

—En no morirte —afirmó ella sonriendo.

Y movió sus larguísimas pestañas, que desaparecieron una vez más.

Recordé todo lo que había pasado desde que había visto por primera vez sus pestañas volverse invisibles.

Cómo había cambiado mi vida en tan poco tiempo.

Respiré hondo.

Crucé una mirada con mis padres.

—Ramón, ¿tienes superpoderes? —me preguntó mi padre, que no terminaba de encajarlo.

—Creo que sí —respondí—. Pero la próxima vez que nos veamos lo habréis olvidado.

Mi madre estaba a punto de decir algo también.

No le dio tiempo.

Jiménez soltó el pañuelo y exclamó:

—¡¡¡ATRÁS!!!

Una poderosa luz blanca nos envolvió al instante.

Sentí que el veneno abandonaba mi cuerpo.

Todo lo que me rodeaba perdió la definición, un fuerte sonido nos envolvió y, por un momento, no supe dónde me encontraba.

No sé cuánto duró aquello.

Cuando todo volvió a estabilizarse, estábamos de nuevo en el campo.

Justo antes de que apareciera la primera serpiente.

¡Lo había logrado!

Lo primero que vi fue al propio Jiménez tirado en el césped.

Estaba inconsciente por el descomunal esfuerzo.

Berta y Ximena se acercaron a él para tomarle el pulso.

—Está bien —aseguró Berta.

Oí una voz que venía de la grada.

—¡Titooooooo, la *Oxyuranus*! —gritó mi hermano Rober.

Y señaló la valla.

Como la primera vez, allí apareció una enorme taipán.

A continuación, por debajo de las vallas, surgieron un sinfín de serpientes.

¡Habíamos vuelto exactamente al mismo momento en el que había comenzado el ataque!

En esa ocasión, no alerté a Ximena ni al resto de mis compañeros.

No era necesario, estaban más que prevenidos.

Lo que hice fue correr.

En dirección opuesta a las taipanes.

Me dolía horrores la espalda, pero tenía que darme prisa, muchísima prisa.

—¿Esa era tu propuesta para arreglarlo todo? —me preguntó Nando—. ¿Huir?

No tenía tiempo de dar explicaciones.

Atravesé el campo a toda velocidad.

—¡Botón Rojo! —grité—. ¡Los cables!

El bedel, que seguía junto al poste del marcador, se rascó la cabeza.

—Sí, eh... —dijo—, aquí tengo los cables, ten cuidado, son muy peligrosos.

—¡Eso espero: que sean muuuuuuy peligrosos! —exclamé acercándome—. ¡Hay que crear un cortocircuito alrededor de todo el campo!

Botón Rojo me miró y comprendió mi plan a la primera.

Al ver a las serpientes, los espectadores en las gradas comenzaron a gritar despavoridos.

—¡Que nadie se acerque a las vallas! —grité mientras el bedel manipulaba los cables—. ¡Que nadie toque las vallas!

Mi madre y los policías también entendieron lo que pretendíamos.

Y todos gritaron al tiempo:

—¡Aléjense de las vallas!

—¡Que nadie toque las vallas!

—Ya lo tengo —dijo Botón Rojo—, o eso creo.

—Dale —dije sin dudar.

El bedel acercó los cables pelados al poste eléctrico y...

¡RAAAAAAS!

¡¡RAAAAAAAAAAAAAAAAAS!!

¡¡¡RAAAAAAAAAAAAAAAAAAAAAAAAAS!!!

Una potentísima descarga eléctrica recorrió todo el campo.

El poste.

El marcador.

Y... ¡las vallas!

¡Justo donde se encontraban las taipanes!

Duró varios segundos.

Saltaron un montón de chispas y las vallas se encendieron y apagaron varias veces... hasta que explotaron.

Y se fue la luz.

Aquella sacudida eléctrica acabó con todas las serpientes venenosas en cadena.

¡Había funcionado!

Botón Rojo, chamuscado, soltó los cables y cayó al suelo.

—¡Guau! —exclamó—. Parece que por una vez las prisas han servido para algo.

Tenía los pelos rojos de punta.

—¡Lo has conseguido! —dijo Ximena.

—¡Bien hecho! —aseguró Huang.

—No ha estado mal, novato —admitió Nando.

—¡Ha sido Botón Rojo! —exclamé—. ¡Todo el mérito es suyo!

Misión cumplida: el peligro había desaparecido.

No habían mordido a nadie.

Tampoco a mí.

Y, además, habíamos mantenido en secreto nuestros superpoderes.

Los espectadores y los propios policías estaban perplejos.

Ellos no lo sabían, pero los habíamos salvado de las serpientes.

Dos veces.

—¿Cómo te sientes? —me preguntó Ximena.

—Mejor que nunca —respondí—. Ya solo me duelen las lumbares, creo.

—¿No querrás otra patadita? —dijo Umberto.

Y también sonrió.

Era la primera vez que lo veía hacerlo.

Supongo que eso de trabajar en equipo con sus enemigos le había cambiado un poco el humor.

Aunque solo fuera por un momento.

En el centro del campo, Jiménez había recuperado el sentido.

—¡Mola! —dijo incorporándose—. Ha sido..., o sea..., no sé vosotros, pero para mí, fiuuuuuuuuu..., creo que ya estoy bien, más o menos...

Intentó ponerse en pie, pero volvió a caerse.

Tuvieron que ayudarlo a levantarse.

La árbitra hizo sonar el silbato y dijo muy seria:

—Fenomenal todo, pero os recuerdo que el partido no ha terminado.

¡¿Eh?!

# 31

Todos los presentes se arremolinaron alrededor de la árbitra.

—He metido el penalti y el partido se acabó —protestó Umberto.

—Resultado final: uno a uno —dijo Culebra.

La árbitra se llevó la mano al bolsillo y empezó a sacar tarjeta amarilla a todos los que la rodeaban.

Incluso a nuestra capitana.

—Oiga, que yo no he dicho nada —dijo Berta—. Además, estoy a su favor.

—Por si acaso —advirtió la colegiada.

—El marcador no funciona —insistió Umberto—. Cuando empezó el lío de las serpientes, el tiempo se había acabado, a lo mejor no se acuerda bien.

La árbitra pareció dudar.

Como si algo en el interior de su cabeza estuviera muy confuso.

Lo que no podía imaginarse es que había estado a punto de morir por una mordedura de taipán, que había viajado en el tiempo y que se le había borrado la memoria.

—Bueno, bueno... —dijo atosigada—, no me lieis. Hay algo que no falla nunca.

Todos la miramos expectantes.

Ella mostró el cronómetro en su muñeca.

—Mi viejo cronómetro suizo —aseguró consultándolo—. Exactamente quedan... once segundos.

—Once —murmuró Ximena, como si aquello fuera una señal.

—Cuando han metido el penalti, quedaba más de medio minuto —intervino Nando.

La árbitra lo fulminó con la mirada.

—Perdón —dijo antes de que le sacase tarjeta.

—Pues venga, vamos —propuso Ximena con el balón en las manos.

—Hala, hay que sacar de centro —indicó la árbitra.

—Todo esto es muy irregular —protestó el entrenador de Los Hurones.

Otro que no recordaba la mordedura que le había dado una serpiente venenosa un momento antes.

O, mejor dicho, un momento después.

Bueno, cuando fuera.

Si supieran que habían estado a punto de morir, no discutirían por once segundos de partido.

—¡Haya calma! —intervino Ismael Rata—. La árbitra tiene razón. Hay que terminar esto de forma legal. Por unos segundillos, no creo que cambie nada, je, je.

—Las cosas bien hechas bien parecen —lo secundó el señor Ruiz.

El Frases no podía evitar hacerle la pelota al alcalde.

La gente pareció serenarse.

Aunque nadie estaba conforme.

Los de París, porque insistían en que el partido se había terminado.

Y los de Nakatomi, porque decían que quedaba más tiempo.

El caso es que todos se fueron sentando.

Dispuestos a contemplar el final del encuentro.

En una cosa estaba equivocado el alcalde: en once segundos, podían ocurrir muchas cosas.

Ximena colocó el balón en el centro del campo.

Jiménez seguía mareado, así que se retiró al banquillo junto a Huang.

Por la boca del túnel, apareció Febbe.

—¡Vamos, equipo! —exclamó.

La árbitra le echó una mirada de reojo, como advirtiéndole: «Estás expulsada, no vuelvas a abrir la boca».

Febbe agachó levemente la cabeza, pidiendo disculpas.

No podía evitarlo.

Éramos el Estrella Polar.

Y ella era nuestra entrenadora.

Estábamos a punto de jugar los once segundos más importantes de la historia del equipo.

—¡Piiiiiiiiiiiiiiiiiiiiiiiiii!

Ximena sacó para Ruth.

La pelirroja pegó un zambombazo bombeado hacia el área de Los Hurones.

Todos sin excepción corrimos hacia allí.

Y a partir de ahí... ya sabéis lo que pasó.

El balón bajó directo hacia mí.

Estuve a punto de llegar.

Pero nada.

Archi lo despejó con todas sus fuerzas.

Ximena controló el balón de nuevo a la primera.

—¡Rana! —exclamó—. ¡Tuya, Rana!

Y me lanzó un pase en profundidad.

Esa vez tenía que alcanzar el balón como fuera.

Daba igual mi espalda y todo lo que había ocurrido antes.

Era nuestra última oportunidad.

Por alguna razón, mientras corría, me fijé en las palomas, que parecían observar el partido.

—¡Vamos, Rana! —me animó Ximena.

Por fin, llegué al balón.

Como el marcador no funcionaba, ni creo que funcionara en mucho tiempo, los espectadores comenzaron a corear la cuenta atrás en voz alta.

—¡Nueve!

Culebra estaba a punto de alcanzarme.

Archi también avanzaba hacia mi posición.

Aguanté y, en el último instante, cuando casi ya los tenía encima..., me aparté.

¡Archi se llevó por delante a Culebra!

—¡Ocho!

Los dos quedaron hechos un ovillo en el césped.

Entré por el pico del área.

Directo a la portería.

—¡Siete!

Estaba solo delante del portero.

—¡Tú puedes, Rana! —exclamó Febbe—. ¡Estrategia tres!

La árbitra hizo un gesto muy serio a Febbe para que se callara: estaba expulsada.

¿Cuál era la estrategia tres? Al final, no la habíamos usado durante el partido. No tenía ni idea.

Estaba hecho un lío.

—¡Seis!

—Pero ¿cuál es? —pregunté desconcertado.

Febbe sonrió y gritó:

—La mejor estrategia de todas. Simplemente, escucha a tu corazón.

—¡Cinco!

—¡Quiere decir que hagas lo que te dé la gana, hijo! —intervino mi padre.

—¡Tito, chuta, Tito, chuta, Tito, chuta! —gritó Rober.

El Manco me esperaba clavado en la portería con los brazos extendidos.

Podía intentar regatearle o chutar o...

—¡Cuatro!

Tic-tac, tic-tac, tic-tac.

Ahí estaba mi corazón: bombeando sangre a toda velocidad.

Archi, Culebra y Umberto llegaron a mi altura.

Sentí un golpe en el tobillo, un agarrón en la camiseta...

También noté muchísimo calor en la espalda de repente.

¡Estaban usando sus superpoderes para detenerme!

—¡Tres!

Tic-tac, tic-tac, tic-tac, tic-tac, tic-tac.

Entonces sí que sí... mi corazón iba a reventar.

Estaba harto de tantos golpes y de que Los Hurones se saltaran todas las normas.

Yo solo quería meter un gol, ser parte del equipo, que me aceptaran.

Tic-tac, tic-tac, tic-tac, tic-tac, tic-tac, tic-tac, tic-tac.

—¡¡¡Dos!!!

Volvieron a golpearme por detrás en el tobillo, en la rodilla...

Umberto me estaba lanzando sus rayos a la espalda. Cada vez me dolía más y más y más.

En ese instante, una paloma atravesó el campo, volando casi a ras del suelo.

La rocé con las manos...

Tic-tac, tic-tac, tic-tac, tic-tac, tic-tac, tic-tac, tic-tac, tic-tac, tic-tac.

¡Y eché a volar!

Me transformé en una paloma.

Y al soltarla...

Era yo.

Ramón.

Volando.

Con mi propio cuerpo.

Con el balón en los pies.

A varios palmos del suelo.

No solo podía convertirme en cualquier cosa...

¡También podía adquirir sus cualidades sin dejar de ser yo mismo!

Mi sueño hecho realidad:

¡Estaba volando!

Directo hacia la portería.

Hasta que de pronto...

¡ZAS!

Me quedé paralizado en el aire.

Congelado.

Y no solo yo.

El Manco, el resto de los jugadores, los espectadores...

¡Todos estaban inmóviles!

—¿Cómo se te ocurre echar a volar delante de todos? —me preguntó Huang con la mente.

—¡Es que ellos también estaban usando sus superpoderes!

—¡Que ellos se salten las normas no es excusa! —aseguró.

Mi compañero tenía razón.

Pero... ¿por qué estaba todo el mundo paralizado?

Huang era el único que parecía poder moverse.

Tenía las manos en la sien, muy concentrado.

—¡¿Los has congelado a todos?! —pregunté.

—Lo mío es la telepatía, el teletransporte cuántico —respondió—, y también puedo detener el tiempo. Bueno..., acabo de hacerlo.

—¡Genial, es una pasada! —exclamé suspendido en el aire—. Pero... ¿por qué lo has hecho?

—Pues porque la gente está a punto de descubrir tus superpoderes —replicó—. Y será un desastre para todos.

Además, infringir las normas alterará nuestra condición, no debemos hacerlo. Con lo bien que había salido todo, ¡no deberías haber echado a volar!

—Lo siento —dije—. Ha sido un impulso, estaba harto de que me atizaran...

Por si no ha quedado claro:

¡Toda la conversación la estábamos teniendo telepáticamente!

—¿Jiménez no podría rebobinar? —propuse—. Prometo que, si volvemos atrás, no echaré a volar.

—Jiménez no puede casi ni respirar —dijo Huang.

El pobre Jiménez, congelado como el resto, seguía en el banquillo, y la verdad es que no tenía muy buena cara.

—Entonces no hay nada que hacer —me lamenté—. ¿Cuánto tiempo puedes aguantar así, con el tiempo paralizado?

—No lo sé —dijo él—, no tengo ni idea: es la primera vez que lo hago.

—Pues, para ser la primera vez, te está saliendo guay —dije.

Un momento.

Si no podíamos volver atrás, tal vez... pudiésemos tapar lo que estaba ocurriendo.

—Oye —dije—, Jalila puede controlar el clima y los elementos, ¿verdad?

—No te andes con rodeos, si tienes una idea, dila ya —dijo Huang—. ¡Estoy a punto de soltar el *pause*, no puedo más!

—Quizá Jalila... pueda crear una tormenta descomunal —dije—, y así la gente no me verá volando.

—Es una idea malísima —dijo Huang—, ¡la gente ya te ha visto volar!

—A lo mejor no —dije—, solo han visto unas décimas de segundo a una paloma. Si no ven nada más, creerán que se han confundido.

—No sé... —murmuró Huang.

—Díselo a Jalila, por favor —insistí—. Si me cubre, bajaré al suelo de inmediato y dejaré de volar.

Era muy raro todo:

Volar.

Estar congelado sobre el campo de fútbol.

Hablar con la mente con mi compañero.

Pero ya empezaba a acostumbrarme a las cosas raras.

—Ya se lo he dicho —aseguró Huang.

—¿Le has dicho con la mente a Jalila que desate una tormenta tremenda para que me dé tiempo a bajar al suelo antes de que alguien me vea volando? —pregunté.

—Eso mismo —dijo Huang—. ¡No puedo más!

Huang soltó las manos.

Todo recuperó su velocidad normal de golpe.

Ojalá Jalila lo hubiera entendido.

Y fuese capaz de crear esa tormenta.

El cielo se vuelve completamente negro.
5
De repente, una lluvia terrible cae sobre el colegio.
Estallan truenos y relámpagos.
Parece que el cielo vaya a desplomarse encima de nuestras cabezas.
La lluvia es tan densa que apenas se ve nada en el campo de fútbol.
Pero ¿de dónde ha salido esta lluvia?
Ya avisé de que se avecinaba tormenta.

A pesar de todo lo que sucede, los espectadores continúan la cuenta atrás.
¡¡¡Uno...!!!
Caigo al suelo y corro con el balón en los pies.
El Manco intenta golpearme con su poderoso brazo metálico.
Pero lo esquivo.
Le regateo en un palmo de terreno.

Y... ¡entro en la portería con el balón!
La árbitra pita el final del partido.
¡Gol válido en el último segundo!
¡Tomaaaaaa!
00:00
2 - 1
Botón Rojo vuelve a conectar milagrosamente los cables.
Resultado definitivo: Estrella Polar, 2; Versalles, 1.

La lluvia se detiene de golpe, igual que había empezado.
Todos en el campo y las gradas estamos empapados.
¡Ranaaaaaa!
¡Golazooooo!
¡CAMPEONES!

# 32

Berta agarró el trofeo con ambas manos.

Y lo levantó.

—¡Campeoooooones! —exclamó la capitana.

Todos los integrantes del equipo gritamos:

—¡¡¡Campeoooooones, oe, oe, oe!!!

Los padres, madres, amigos y conocidos corearon a pleno pulmón:

**¡Estrella Polar,**
**vamos a ganar!**
**¡Estrella Polar,**
**vamos a volar!**

Lo habíamos logrado.

La liga era nuestra.

Bueno, yo solo había jugado un partido. Pero, por primera vez, me sentía parte de un equipo.

Nos encontrábamos dentro de la nueva central nuclear, frente al reactor principal.

El alcalde estaba delante de un micrófono.

—Os lo merecéis, estamos muy orgullosos de vosotros —dijo—. Bueno, y también de Los Hurones, que son unos dignos subcampeones. Unos y otros habéis hecho historia con una temporada y un partido que no se olvidará nunca...

A su lado, Nando sonreía orgulloso, haciéndose fotos con su padre.

—Hay que ver lo que le gusta un discurso a este hombre —murmuró mi madre, que por supuesto también había venido a la ceremonia de entrega.

Como toda la gente de Nakatomi y de París.

Nadie quería perderse la fiesta de celebración.

Además, era la inauguración de la central.

Tras la entrega de trofeos, pusieron música y sacaron bebidas y canapés.

Ya sé que una central nuclear no es el sitio ideal para algo así.

Pero Ismael Rata y todos los presentes estaban encantados.

Los Hurones eran los únicos que no parecían contentos.

Estaban al fondo, con las medallas de subcampeones, sin quitarnos ojo.

También había venido la árbitra, que tomaba un refresco junto a nosotros.

—Nací en París, Francia —le dijo a Huang Xii—. No en París, Cuenca. Hay que informarse un poco mejor.

—Ah, perdón —se excusó él—, es que leí París y me lie..., pero, vamos, que ha sido un gran arbitraje, enhorabuena.

Aunque nos han cosido a patadas y casi nos lesionan, y no has pitado faltas flagrantes y te has inventado un penalti...

La árbitra lo miró como diciendo «estoy a punto de sacarte tarjeta roja».

Era muy capaz, aunque estuviéramos en mitad de una fiesta, y no de un partido.

Pero eso era lo de menos.

Después de todo lo que habíamos pasado, tocaba celebrar y pasarlo bien.

—Menudo partido —dijo el señor Ruiz—, serpientes, expulsiones, tormenta, penalti y gol en el último minuto...

Y un viajecito en el tiempo, pensé.

—Como dijo un viejo entrenador —siguió diciendo el Frases—: El fútbol no es un juego, es magia.

—Oye, Ramón —intervino mi padre—, qué raro lo de la lluvia repentina, ¿verdad?

—Sí, rarísimo —aseguré.

—Rober dice que, justo antes de la tormenta —continuó diciendo mi padre—, te vio... volando... Ja, ja, ja, ja, ja, qué cosas...

—Qué gracioso —dije.

Y fulminé a mi hermano con la mirada.

—¡El Tito sabe volar, el Tito sabe volar! —exclamó él por toda respuesta.

—Si casi no sabe ni correr —dijo mi hermana llevándose un canapé a la boca.

—Exacto, ja, ja, ja, ja, ja —dije.

Creo que era la primera vez en mi vida que me reía de una broma de Rosalía.

Y ni siquiera me había hecho gracia.

Solo quería cambiar de tema y huir de allí.

—Ramón, ¿puedes venir un momento? —dijo Febbe haciéndome un gesto desde un extremo del reactor.

Salvado por la campana.

—Perdonad, la entrenadora me llama —me excusé.

Seguí a Febbe hasta un lateral, lejos de los demás. Me chocó verla allí, se había manifestado contra la central, y sin embargo acudía a la inauguración. Supongo que lo hacía por nosotros.

—Hola —dije—, ¿querías algo?

—Felicitarte por el golazo final —respondió—. Y salvarte de una situación incómoda.

—Ah, bueno..., sí, mi familia —dije sonriendo—. A veces son muy insistentes.

—Tu hermano dice que volaste antes de marcar el gol —soltó ella.

—Es muy pequeño —dije.

Febbe me miraba como si supiera la verdad.

—Tu madre va a iniciar hoy una investigación oficial por supuestas licencias ilegales de la central nuclear —me informó ella.

—No tenía ni idea —dije sorprendido.

—Seguramente no conseguirá nada —continuó diciendo Febbe—. Rata es muy poderoso. Ni siquiera la amenaza de las serpientes le hizo cambiar sus planes. Y mucho menos una investigación judicial, ya ha pasado otras parecidas.

Tuve la sensación de que me estaba ocultando algo.

—El uranio, las taipanes... —dijo la entrenadora—, ¡cuántas cosas peligrosas han llegado al pueblo desde Australia últimamente! Menos mal que os unisteis a Los Hurones para hacer frente a esas serpientes.

Se suponía que nadie recordaba nuestro enfrentamiento con las taipanes.

—¿A qué te refieres? —dije.

—Me refiero a que no hay nada como tener un enemigo común muy poderoso para unirse —aseguró.

Aquella conversación me estaba poniendo muy nervioso.

Inmediatamente, me vino a la cabeza... Pearl Harbor.

Las serpientes habían servido para que Los Hurones y nosotros luchásemos juntos.

Como los americanos y los Aliados después del bombardeo.

Unidos frente a un enemigo común.

Aquello se parecía demasiado a lo que nos había explicado en la clase de Historia.

Por un instante, me vino una idea a la cabeza:

Tal vez Febbe fuese... el Profeta.

No le gustaban las centrales nucleares.

Acababa de mezclar en la conversación el uranio y las taipanes, como en el primer mensaje del Profeta.

Y, por si fuera poco, durante el ataque de las serpientes había desaparecido.

¿Y si había organizado todo aquello para amenazar la central nuclear y que, al mismo tiempo, nos uniésemos a Los Hurones?

La unión hace la fuerza.

Ella misma lo había dicho.

Pero la fuerza ¿contra quién?

Además, eso significaría que conocía nuestros poderes.

Era absurdo.

—Febbe... —dije con ganas de preguntarle cuánto sabía en realidad.

—¿Qué pasa? —dijo despreocupada—. ¿Quieres retarme a un penalti?

—No es eso —dije—. Bueno, en realidad no es nada. Era una tontería.

Estaba claro que quedaban muchas cosas por descubrir todavía.

¿Cómo habían llegado las serpientes a Nakatomi?

¿Qué papel jugaba en todo aquello la entrenadora?

¿Quién más conocía nuestros poderes?

Febbe sonrió y dijo:

—Será mejor que volvamos, o pensarán que tramamos algo. Esta dichosa central es un lugar de altísima seguridad, hay mil ojos vigilando.

Se puso la capucha de la sudadera y se perdió entre el resto de los invitados.

No quería inventarme cosas, pero aquella capucha, aquella figura... me recordó al espía que había visto frente a mi casa aquella noche.

Febbe Talina era mucho más de lo que parecía.

Cuando por fin acabó la ceremonia y regresamos a casa, le pedí a mi padre un pequeño favor.

Aprovechando que era tan manitas, le pregunté si podía fabricarme un pequeño regalo para mis compañeros.

Quería agradecerles que me hubieran dejado formar parte del equipo.

Era solo un detalle.

Mientras mi padre lo preparaba, entré en mi cuarto y saqué el arrugado traje de Dragonman.

Aunque había pensado que nunca más me lo pondría, esa tarde me parecía el vestuario perfecto para lo que me disponía a hacer.

Revolví entre los armarios de las otras habitaciones y cogí algunas cosas que necesitaba.

Sin querer, me topé con la toga de mi madre allí colgada.

Al verla de cerca, me fijé mejor. Era de un color negro muy brillante. Pasé la mano por encima, me gustó mucho aquel tacto tan suave.

Me encantaría ir algún día al juzgado y verla en el tribunal vestida de jueza.

Me dio por pensar que, de alguna forma, aquella toga era una especie de traje de superheroína. Cuando mi madre se la ponía, los criminales se echaban a temblar.

—Ya tienes esto —anunció mi padre.

Bajé y me dio el regalo que le había pedido envuelto en un papel azulado.

Lo metí en una bolsa y salí de casa vestido de... Dragonman.

Solo añadí algunos retoques, para que no me reconocieran.

Cambié la capucha con forma de dragón por un viejo pasamontañas, con el que solo se me veían los ojos.

Le di la vuelta a la capa, de manera que parecía de otro color.

Y me ceñí un enorme cinturón de mi padre para tapar las escamas.

Ah, también me puse mis botas de fútbol.

Seguía siendo todo muy de andar por casa, pero ya no me parecía ridículo.

Al revés: ¡me encantaba!

En ese momento, el sol se estaba poniendo.

El atardecer siempre ha sido mi momento favorito del día.

Eché a correr por la urbanización, que estaba semidesierta.

Sin pensarlo, subí a un árbol enorme que hay al final de mi calle.

Desde allí, alcancé un gorrión a la primera.

Últimamente había desarrollado muchas habilidades nuevas.

Lo cogí con mucho cuidado entre mis manos.

Tic-tac, tic-tac.

El corazón de aquel pájaro y el mío se sincronizaron.

Tic-tac, tic-tac, tic-tac, tic-tac.

Desde la rama en la que me encontraba, salté sin miedo.

¡Y eché a volar!

Por segunda vez aquel día.

Le estaba cogiendo el gusto.

Sobrevolé la urbanización.

Pensé: si soy un superhéroe, debo ayudar a los que lo necesitan.

De momento, a los que tengo más cerca.

Más adelante, ya veríamos.

Seguí volando, dejando atrás las casas, hasta llegar a la parte trasera del instituto.

Allí solían reunirse muchos adolescentes los fines de semana por la tarde.

Enseguida reconocí a quienes buscaba:

Las tres chicas de cazadoras customizadas que la habían tomado con mi hermana.

Estaban riéndose y bebiendo de unas latas, apoyadas sobre un banco de madera.

Por suerte, estaban solas y alejadas del resto.

Sin que se dieran cuenta, me posé sobre el respaldo del banco, justo detrás de ellas.

—¡Buenas tardes! —dije.

Se pegaron un buen susto.

—¡Pero ¿tú quién eres?! —exclamó una—. ¡¿Cómo has llegado ahí?!

—Uuuf —dijo otra echando por la boca todo el líquido de la lata—. Casi me atraganto.

—Tía, me has pringado la chupa y los leggins nuevos —protestó la tercera, como si aquello fuera lo peor que pudiese ocurrir en su vida.

—Te voy a reventar —me dijo la chica, amenazante.

—No creo —respondí.

Despegué los pies del respaldo y volé un metro por encima de ellas.

En aquel momento, sí que parecían a punto de desmayarse.

—Si volvéis a meteros con alguien del instituto, vendré volando a haceros la vida imposible —advertí—. ¡Lo digo muy en serio!

Estaban inmóviles, con la boca abierta, aterrorizadas.

Con el pasamontañas y los cambios que había hecho al disfraz, no me reconocieron.

—¡No acoséis a nadie! ¡A ninguna compañera ni compañero! ¡Ni tampoco a los de otros cursos! ¡A nadie! —exclamé—. ¡O tendréis que véroslas conmigo!

Por el momento, ya era suficiente.

Estaban muy asustadas.

—¡Ah, y el lunes regalad vuestras cazadoras customizadas a alguien... de primaria!

No sé por qué dije eso de las cazadoras, se me había ocurrido de repente.

Eché a volar y me alejé de allí.

Ojalá hubieran aprendido la lección.

Si no, tendría que volver a recordárselo.

Para ser mi primera intervención como superhéroe en solitario, no estaba mal.

Tenía que mejorar algunas cosas.

Pero había tiempo de sobra para ir perfeccionando.

Y también mucha gente a la que ayudar.

En Nakatomi.

Y en todo el planeta.

—¡La justicia nos necesita! —grité mientras sobrevolaba el pueblo.

Antes de que se pusiera el sol, ayudé a una señora a la que se le había escapado su gato.

Después, evité que un coche que no había respetado un paso de cebra atropellara a un niño de dos años.

Y, por último, intercepté a un atracador de pacotilla que le había robado la cartera a un señor mayor.

Fue un atardecer muy... provechoso.

Eché a volar de nuevo y me quité el pasamontañas.

Surqué el cielo sintiendo el viento en el rostro.

Y, justo cuando los últimos rayos se divisaban en el horizonte, llegué a la charca de la muerte.

Tenía una cita muy importante.

Allí estaban mis compañeros del Estrella Polar, vestidos con el uniforme del equipo.

Aterricé a su lado y les di el regalo que llevaba para ellos.

—No sé si os irán bien —dije—, los ha hecho mi padre.

—Qué chulo —exclamó Huang al abrir el papel.

Todos se los pusieron.

Eran antifaces de color azul.

Cada uno tenía un pequeño número bordado, del 1 al 10.

Me quité el traje de Dragonman.

Debajo llevaba el uniforme del Estrella Polar.

Yo también me puse un antifaz.

Con el número 11, por supuesto.

—Eres un buen fichaje, Rana —dijo Ximena.

—Tampoco es para tanto —aseguró Nando.

En ese momento, desde lo alto de la enorme rampa, cayó un balón.

Detrás de él, aparecieron Los Hurones.

Ellos también llevaban sus equipaciones de fútbol.

Saltaron sobre la charca, frente a nosotros.

Parecían rabiosos.

Todos sus implantes metálicos estaban encendidos y a pleno funcionamiento.

Umberto me señaló.

—Te saltaste las normas —dijo—: volaste durante un segundo.

—Fueron décimas de segundo —rebatí—, y no influyó en el partido. Tú me lanzaste rayos sobre la espalda.

—Brrrrrrrrrrrrrrr —contestó.

12

Berta intervino.

—Dos tiempos de treinta y cinco minutos —dijo la capitana—. Las porterías son los bloques de cemento.

—Valen todos los superpoderes —contestó Culebra.

—Por supuesto —aseguró Berta.

—Ahora veremos quién es el mejor de verdad —dijo Umberto.

Ximena puso la bota sobre el balón.

Con un toque, sacó de centro para Ruth.

Y en aquel barrizal radiactivo...

¡Empezó el partido!

# EPÍLOGO

Ya os he presentado a mis compañeros del Estrella Polar.

Ahora quiero que conozcáis a mis compañeros de Los Once.

A primera vista, podrían parecer los mismos.

Pero en Nakatomi nada es lo que parece.

Con el número 1, **ELASTIC** (Pello): como su nombre de guerra indica, es muuuuuuuy elástico. Sus piernas y brazos pueden llegar hasta el infinito y más allá.

Con el número 2, **REINA DEL FUEGO** (Jalila): controla el clima y los elementos. Puede crear fuego, agua o hielo de la nada. También es capaz de desencadenar una tormenta o un ciclón.

Con el número 3, **RAYO** (Nando): cuenta con reflejos extremos y supervelocidad. Es más rápido que la luz, más que el sonido, más que la propia energía nuclear.

Con el número 4, **LA CAPITANA** (Berta): vuela. Tiene una armadura metálica natural indestructible, visión de rayos nocturnos y gran fortaleza.

Con el número 5, **MILAGRO** (Milton): cuando se transforma, posee una fuerza sobrenatural, imparable, incontrolable.

Con el número 66, **BRILLANTE** (Huang Xii): lee el pensamiento

2
5
6
11

y se comunica por telepatía. Puede teletransportarse en el espacio de un sitio a otro. Y, por lo que acabamos de descubrir, también es capaz de congelar el tiempo unos instantes.

Con el número 7, ***MÚLTIPLE*** (Jon): es capaz de clonarse en dos, en tres... o incluso en más. Durante esos períodos, da supersaltos.

Con el número 8, ***INFINITO*** (Jiménez): puede rebobinar el tiempo, volver atrás y hacer como si nada hubiera ocurrido. Esos peligrosos viajes en el tiempo también le abren puertas entre dimensiones que aún no conocemos.

Con el número 9, ***GARRAS*** (Ruth): tiene unas garras retráctiles extremadamente poderosas con las que cortar, destrozar, escalar o rajar cualquier material conocido. También puede lanzarlas como un bumerán.

Con el número 10, ***X*** (Ximena): se hace invisible a voluntad. Durante esos períodos de invisibilidad, presiente lo que va a ocurrir unos segundos después, o tal vez incluso más. Atraviesa materiales: paredes, muros, rocas.

Y, por último, con el número 11, ***RANA*** (o sea, yo): no suena muy superheroico, lo sé. Me propusieron otros nombres, como Camaleón o Transformador, pero me quedé con Rana, ya me he acostumbrado y le he cogido cariño. Me puedo convertir en cualquier cosa, animal o persona que toque. Para ello, necesito acelerar mi corazón, lo cual puede llegar a ser muy peligroso. Adquiero todas las cualidades y defectos de aquello en lo que me transformo.

Juntos somos Los Once.

PRÓXIMAMENTE
MÁS AVENTURAS DE

LOS ONCE